SixTONES × Snow Man

go for the TOP!

あぶみ瞬

太陽出版

プロローグ

2020年1月22日、Snow Man『D.D.』(avex trax)、SixTONES『Imitation Rain』(SME Records)で同日デビューを飾った2組は、オリコンチャートでは〝同曲扱い〟として合算され、史上初の新人デビュー曲ミリオンセールス(132.8万枚)を記録した。

「『D.D.』と『Imitation Rain』の収録順をテレコ(※入れ替え)にしただけで、明らかにSnow ManとSixTONESそれぞれのファンを対決姿勢で煽った戦略ではありましたが、それでも現在のジャニーズでは実質一番人気、King & Princeのデビュー曲(約57.7万枚)を大きく上回り、個々のグループでもデビュー曲初週歴代1位のKAT-TUN(約75.4万枚)に匹敵。実際、現代で初週100万枚超を売り上げるアイドルは握手会商法のAKB48と乃木坂46のみですから、堂々と胸を張れるデビューですよ」(音楽誌ライター)

さらに、デビュー曲の発売と新型コロナウィルス騒動が重なり、応募制のハイタッチイベントが中止になったのにも関わらず、『D.D./Imitation Rain』は2週目以降も売れ続け、何と発売から2ヶ月が経過した3月30日付オリコンチャートでも週間セールス5位にランクインし、累積売上げ枚数は156万7,148枚を記録。昨今のCDシングル市場からは信じられない、驚異的なチャート動向を示しているのだ。

「楽曲のカッコよさ以外の理由として考えられるのは、まず両グループのメンバーがバラエティやドラマに積極的に売り込まれ、パーソナルな魅力でファン層を広げたこと。そしてデビュー以降もYouTubeに定期的に動画をアップし、ファンを飽きさせない努力を続けていること。新人アイドルの露出を音楽番組に固執せず、彼らが本来持っている魅力を伸ばすブッキングで、視聴者の興味を惹きつけたことは特筆モノですね」（同ライター）

3月30日付オリコンチャートが発表された3月24日現在、Snow ManのYouTubeチャンネル登録者数は59万人を超え、総再生回数も5,390万回を突破。

SixTONESはチャンネル登録者数63万人、総再生回数6,670万回超とSnow Manをややリードしているものの、これはチャンネルの開設時期や動画本数に左右される要素が強い。

CD売上げ同様、まさに両者はあらゆる面で切磋琢磨している証明の一つと言えるだろう。

「ギョーカイでもSnow ManやSixTONESと番組をやると、〝また彼らと次の番組をやりたくなる〟〝不思議な魅力の虜になる〟と多くのTVマンが証言しています。日テレはジェシーと森本慎太郎を筆頭にSixTONESの囲い込みを狙い、TBSとフジテレビはSnow Manを奪い合っている。この4月改編で弾みをつけ、10月改編ではレギュラーの冠番組を制作。その道筋はついていると聞いています」（同ライター）

本書はそんなSixTONESとSnow Manの、CDデビューから現在に至るまでを追いかける内容で構成されている。

ジャニーズ史上初の同日デビューから現在まで、彼らは舞台裏のスタッフや関係者に、どんな言葉を語り、どんな素顔を見せてきたのだろうか。

通常のインタビュー記事やドキュメンタリーでは決して現れることがない姿が、ここにはしっかりと記されている。

もしかするとファンの皆さんが「それは知りたくなかった」エピソードも、ここには含まれている〝かも〟しれない。

しかし一人のアイドル、一人の人間としての彼らをより深く理解して頂くためには、あらゆる角度からの情報やエピソードが必要不可欠と判断し、本書に取り上げるに至ったことをお断りしておきたい。

なぜならば彼らは、知れば知るほど〝味〟が出る、そんな魅力に溢れるメンバーたちだからだ——。

目次

Prologue
プロローグ …… 2

1st Chapter
SixTONES -go for the TOP!- …… 11

髙地優吾
〝横一で歩いていきたい〟リーダーの指針 …… 12
リーダーの悩み …… 16
S・i・x・T・O・N・E・Sの魅力を伝える〝伝道師〟 …… 20

松村北斗
退所を決意した日 …… 25
新たに目覚めた〝役者魂〟 …… 29
イメージと違う〝意外な顔〟 …… 33

田中樹

メンバーが全員認める〝ナイスガイ〟……37
〝ライバル〟Snow Manとのつき合い方……40
自分を見守り続けてくれる〝特別な存在〟……44

京本大我

念願の〝ミュージカル初主演〟に寄せる想い……50
あの先輩からの〝歌唱指導レッスン〟……54
『バカレア組』こそが原点……57

ジェシー

〝今の自分たち〟を見て欲しい！……62
〝テンションMAX〟なデビュー祝い……66
〝6つの個性〟がぶつかり合って生まれる〝1つの力〟……70

森本慎太郎

将来を見据えた活動……75
〝ゴリマッチョ〟への道から救ってくれた仲間たち……78
『鉄腕DASH』——TOKIOからSixTONESへ……82

2nd Chapter

Snow Man *–go for the TOP!–* 89

岩本照

デビュー直前に見た夢 …… 90
〝SASUKE完全制覇〟の野望 …… 93
〝デビューの重み〟と決意 …… 96

深澤辰哉

〝アクロバット〟への強いこだわり …… 101
滝沢秀明からの厚い信頼 …… 104
〝継続は力〟への開き直り …… 107

ラウール

〝滝沢プロデュース〟の象徴 …… 113
〝タメ〟でのつき合い …… 117
〝世界的なアーティスト〟への階段 …… 120

渡辺翔太

Snow Manを引っ張る〝社交性オバケ〟 …… 126
『それスノ』で全力疾走 …… 129
四千頭身・後藤との〝リアルな関係〟は? …… 132

向井康二

Snow Manでデビューして〝一番変わった〟こと …… 136
コンプレックスを〝パーソナリティ〟に …… 139
〝東京のバラエティ〟に懸ける意気込み …… 143

阿部亮平

〝個人仕事〟で変わった意識 …… 148
延期された〝アジアツアー〟への想い …… 151
目指せ! クイズ番組の〝賞金ハンター〟 …… 155

目黒蓮
Ｓｎｏｗ Ｍａｎに吹き込む〝新風〟 …… 159
すべてを〝ポジティブ〟に捉えて …… 162
〝挫けない自信〟を持つために …… 165

宮舘涼太
夢は〝大河ドラマ〟出演 …… 170
アイドル界の頂点に立つために必要なこと …… 174
〝元祖貴族〟に追いつきたい！ …… 178

佐久間大介
『７Ｇ』で受ける〝良い刺激〟 …… 184
〝ＮＧなし〟で突っ走る宣言 …… 188
〝自分らしさ〟を貫く …… 192

Epilogue
エピローグ 198

1st Chapter

SixTONES

go for the TOP !

髙地優吾

〝横一で歩いていきたい〟リーダーの指針

『あの時、俺がリーダーに決まった時、
ほとんど初めて自分の存在意義を強く意識することが出来たんです。

デビューが決まってから5ヶ月の間、毎日のように――

「俺はSixTONESに必要なメンバーなのか?」

――って悩んでましたからね』

現在、ジャニーズ事務所とアーティスト契約をしている〝デビュー組〟には、少年隊を筆頭に17組のグループがいる（※ふぉ～ゆ～含む）。

その中でれっきとしたリーダーを置いているグループは――

少年隊　錦織一清
TOKIO　城島茂
V6　坂本昌行
嵐　大野智
NEWS　小山慶一郎
King & Prince 岸優太
ふぉ～ゆ～　福田悠太

――の7組に、Snow Man（岩本照）、SixTONES（髙地優吾）を足した9組のみ。

残る8組は公式にはリーダーを置いていない。

「たとえばHey! Say! JUMPの薮宏太くんとかKis-My-Ft2の北山宏光くんとか、最年長で事実上のリーダーと見られているメンバーはいますが、公式にアナウンスされていない以上は〝リーダー〟ではありません。本来、そのグループにリーダーが必要かどうかは、メンバーの自主性に任されています」

2020年1月11日にオンエアされた『嵐にしやがれ』の番組中、メンバーの多数決でリーダーに選ばれた髙地優吾。

その瞬間を目撃していたのが、番組の構成スタッフ氏だった。

「皆さんもご存じの通り、SnowManには岩本照くんというリーダーがいましたが、SixTONESにはリーダーがいませんでした。その理由を、リーダーになった髙地くん自身が**『バカレア組以降、6人で横一に並んで歩いてきたじゃないですか。リーダーが偉いとか、リーダーはみんなの前に立たなきゃいけないとかの理屈ではなく、ずっと今までの横一で歩きたいから、そのためにはリーダーとかキャプテンが邪魔』**――と話してくれました」(『嵐にしやがれ』構成スタッフ氏)

なるほど。いかにもSixTONESらしい理由だ。

6人それぞれがバラバラの個性を持つものの、〝6人が横一で歩く〟意識はしっかりと育まれていたのだ。

「ところがそんなSixTONESをイジりたくなった男が、大野智くんでした。番組中に突然『リーダー作っちゃいなよ』——と言い出し、ほぼ強制的に導いたのです(笑)」(同構成スタッフ氏)

櫻井翔によると、自分(大野)が少年隊の番組でリーダーに任命された黒歴史(?)を持っているため、「20年越しに同じことを後輩にやってみたいのでは?」——だという。

「大野くんはSixTONESのメンバーに『リーダーの実務は何ですか?』と聞かれ、『なんもしない』と即答。『リーダーなんて名前だけだから大丈夫』——と、どうしても〝リーダー決め遊び〟をしたいようでした(笑)」(同氏)

結果、その場の多数決で6人中5人が高地を指差してリーダーに選ばれたのだ。

「田中樹くんは大野くんのセリフを引用し、『なにもしないのは高地が一番うまい!』——と太鼓判。要するにSixTONESはリーダーを置く必要がないのに、先輩によって〝リーダーを無理矢理作らされた〟ということです」(同氏)

心配ない。嵐も〝なんもしない〟大野リーダーの下、固い結束でグループがまとまったのだ。

SixTONESも〝横一で歩いていきたい〟高地リーダーの下、6つの個性が結束し、1つの大きなパワーを発揮するグループへと成長していくに違いない。

リーダーの悩み

『想像するとキモいだろうから、やめて欲しいんだけど(苦笑)、
デビューしてから〝バスタイム〟がやたらと長くなっちゃったんですよね。
もちろん美容のために半身浴してるのもあるけど、
何かいろいろとグループのこと、
「何をやればファンのみんなに喜んでもらえるのか?」
──とかを考えてたら、アッという間に2時間ぐらい経っちゃうから……』

さて、先ほど今年1月11日の『嵐にしやがれ』で高地優吾がリーダーに選ばれた際の話をしたが、実は高地、以前に自ら「リーダーに立候補するかどうか」を真剣に考えていた時期があったという。

「2年ぐらい?……3年前まではいってないと思いますけど、番組の共演者にいろいろと意見を聞き回っていました」

毎週日曜日の昼にオンエアされている、日本テレビ『スクール革命!』。

皆さんもご承知の通り、高地はこの番組の新入生オーディションに合格し、ジャニーズJr.入りと番組レギュラーの座を獲得。

初々しい新入生だった高地も、今年の5月で――

『マジに11年、アッという間でしたね!』

――と、さらに歴史を重ねていくことになる。

「最初は山田くんや八乙女くん、ジャニーズの先輩たちに相談というか、意見を求めてました。僕らからすれば簡単に答えられそうに思うのに、2人に言わせると『微妙にデリケートな問題なんですよ』――と、苦笑いを浮かべながら困ってましたね」

先ほどから話してくれているのは、『スクール革命！』制作プロデューサー氏だ。

「山田くんによると、高地くんがいきなり楽屋の中で『ＳｉｘＴＯＮＥＳは個人主義で、今はそれでいいかもしれないけど、このメンバーで上を目指すためにはリーダーの存在が必要。誰がいいと思います？』――と喋り出したそうです。もちろん部外者はいなかったにせよ、リーダー云々などグループ内の問題に『俺たちを巻き込まないで欲しい』と、山田くんは結構な困り顔でした」（『スクール革命！』制作プロデューサー氏）

その時、山田は――

『俺たちのグループ、リーダーいないじゃん？
〝いるグループといないグループの違い〟というか、
「そのあたりも自分で考えたほうがいいよ」――って返したんですけどね』

――だそうだ。

「確かに高地くんの言うように、個性的なグループには対外的に窓口になる、グループの広報役を務めるようなリーダーがいたほうが周囲もやりやすい。でもそういうグループだからこそ、自らリーダーに名乗りを上げると反発を食らいやすい。実は山田くんと八乙女くんがどことなくお茶を濁す系なのは、Hey! Say! JUMPもリーダーの座を巡り〝険悪な空気が漂ったことがあるから〟だそうです」（同制作プロデューサー氏）

それは確かに答えにくいだろう。

「その後、高地くんはザキヤマくんや（オードリー）春日くん、しまいには内村（光良）さんにまで意見を聞いて回っていました」（同氏）

それから2～3年経った後、リーダーに就任した高地優吾。

確かに高地が言うようにSixTONESは個性的なメンバーの集まりだけに、広報役的なリーダーの存在が必要だろう。

冒頭のセリフを聞く限り、リーダーになったらなったで〝悩み〟も増え、考えなければならない課題も増えた。

しかしその課題を乗り越えてこそ、〝真のリーダー〟としてグループをまとめていくことが出来るのだ。

SixTONESの魅力を伝える"伝道師"

『俺が絶対にメンバーに負けないところ?
それは5人の長所で飯が食えるところ。
佐久間くんみたいに「推しのアクリルスタンドをおかずに飯が食える」
……みたいな、気持ち悪いヤツじゃないよ(笑)。
だって5人はアクリルスタンドと違って生きてるからね』

高地優吾は自分しか知らないメンバー5人の長所を頭の中に思い浮かべながら――

『**どんぶり一杯は余裕で白飯が食える**』

――そうだ。

デビュー以降、新型コロナウィルスの影響をガッツリと受けているSixTONESとSnowMan。
現在、Snow Manのリーダー代行の深澤とは頻繁に連絡を取り合い、お互いの現状についても報告しあっているそうだ。

『実際、当たり前のように仕事が飛んで、メンバーとガッツリ会う機会も減ってる。
でも毎日何回もメンバーのことは考えているよ。
たとえばジェシーはああ見えて繊細だから、すぐにお腹を下すんですよ。
……あっ、これは長所じゃなかったかも』

――確かに〝長所〟ではないにしろ〝意外な事実〟ではある。

『じゃあ次は慎太郎。
アイツは繊細というより、ゴリマッチョのくせに〝ビビリ〟なんですよ。
去年、デビュー曲やその他の新曲をレコーディングしていた時にスタジオにゴキブリが出て、
一番近いところにいた慎太郎に〝取っといて〟と声をかけようとしたら、
スーッと一番遠い場所に座り直したもん』

――それもある意味では〝貴重なエピソード〟だ。

『北斗はマジにつき合い長いから、北斗のことは俺に聞かなきゃわからないと思う。
結構前にジェシーと北斗が舞台をやったんだけど、
その時、ジェシーと衝突ばかりしていて、しんどそうだったから、
間に俺が入って飯に行ったことがあるんですよ。
その時、素直になれない北斗がメニューを見ながら、
「ジェシー、これ好きだったよな」――とか言いながら注文して。
そうしたら2人、結構いい感じで照れくさそうにしてました』

――それもメンバーしか知らない貴重なエピソード。


『大我はカラオケが好きで……といっても歌のレッスン代わりに行ってるんですけど、1回俺が覗きに行ったら〝超〟が付くぐらいの高級店で。

聞いていた部屋に入ってみると、ちょうど尾崎豊さんのバラードを歌っていたんですけど、部屋の中にいた樹が泣いていたんです。

あの大我の歌唱力と樹の感受性は、将来俺たち自身が曲作りを始めた時、大きな戦力になる。

そんな気がします』

――それが高地しか知らないメンバーの〝意外な長所〟のほんの一部。

ところで、その話でどんぶり一杯の白飯が食えるワケ?

『ぶっちゃけ長所なんてどうでもいいというか、
短所ばかりのメンバーが集まっても、
グループとして最高のパフォーマンスを披露することは可能で、
一番大切なのは〝お互いに対する興味と好奇心〟を失わないことなんですよ。
一見、どうでもよさげな俺の話でも、
メンバーそれぞれに、より興味を持つきっかけになってくれれば、
話の中身なんかどうでもいい。
俺はこうして、
「SixTONESとメンバーの魅力を伝え歩く〝伝道師〟になればいい」
――そう思ってるので』

自ら、グループとメンバーのために〝伝道師〟役を買って出た高地優吾。

高地の〝広報活動〟の効果で、今後SixTONESに興味を持つ新たなファンが増えるだろう。

まさに〝SixTONESのリーダー〟を任せるに相応しい男ではないか――。

松村北斗

退所を決意した日

『実際、苦労が報われたとか耐え忍んだ甲斐があったとか、
そういう感情が湧いてこなかったのは、
自分でも「意外だな〜」と冷静に感じてました。
6人それぞれ思うところはもちろんあるし、
でもそれが別にバラバラでも問題ないっていうか、
いかにもSixTONESらしい気がしますね』

過去に松村北斗は、本気で「辞めさせてください」とジャニー喜多川さんに頭を下げに行ったことがあるという。

「その話が出た時少し酔ってはいたので、もしかしたら冗談を言ったのかもしれません。ただそれまで北斗くんの退所話は聞いたことがないし、慌てて『**絶対誰にも言わないで!**』と口封じを頼み始めたので、おそらくは本当だと思います」

テレビ朝日の深夜番組『ガムシャラ!』を担当し、特に「北斗くん、ジェシーくん、あとは田中樹くんと渡辺翔太くん」あたりと仲が良く、番組が終了した今でも「1対1の時もあれば、1対2、3、4、5……」で食事に行っていると明かす若手ディレクター氏は、

「実際のところ北斗くん以外のJr.は、割と平気な顔で〝さすがにもう辞める〟と口にするタイプが多かったので、こちらも〝(これは止めて欲しいパターン?)〟〝(う〜ん、微妙に本気かも)〟などと、慣れてくると〝どんな言葉をかけて欲しがってるのか〟が読めてしまうんです」

――と、いかにも懐かしむように振り返った。

「ただ北斗くんに言われたのは初めてで、しかも時間も何年か経っていたので、本当かどうかを判断するのに時間がかかりました。さっきもお話した通り、お酒が入っていたので何とも言えませんでしたね」

2014年から2016年のレギュラー放送当時、『ガムシャラ!』はテレビ朝日『サマステ』のシーズンになると、六本木ヒルズと道を隔てた〝EX THEATER ROPPONGI〟を会場に、チーム対抗形式で番組イベントを開催していた。

「『ガムシャラ!』BS放送バージョンも月1で公開収録を行っていましたが、やはりメインになるのは夏休みイベントのほう。それなりに準備期間もあるので、みんな体を張っていました」
(『ガムシャラ!』担当若手ディレクター氏)

今でも先に挙げたメンバーで集まるたびに「よくあんなことを俺らにさせたな」などと、若干皮肉っぽくツッコまれるらしい。

「メンバーに体を張らせた分、申し訳ない気持ちはあります。ただTVマン、しかもバラエティ班の人間としては〝こっちのほうが面白い〟の気持ちには勝てません。普段女の子にキャーキャー言われるジャニーズJr.を、必死の形相で取り組ませるのがウチの番組。みんな楽しんでくれていたと思ったのに……(苦笑)」(同ディレクター氏)

——当時を振り返ってそう話すディレクター氏。

松村は『ガムシャラ』イベントのリハーサル室で――

『(俺はあんな風に頑張れない……)』

――と感じた瞬間、退所を決意したという。

「『ガムシャラ!』は2014年から2016年のオンエアだったので、その間のどこで松村くんがジャニーさんに退所を願い出たのか、気になります。なぜならSixTONESが結成されたのは、そのど真ん中の2015年5月1日だったからです」(同ディレクター氏)

松村がジャニーさんに退所を願い出たのは、2014年から2016年のどこ?

おそらく普通に考えれば、『私立バカレア高校』オンエアから丸2年が経過し、何の進展もなくて苦しんでいた〝2014年のエピソード〟ではないかと思うのだが――。

結果的には松村は退所せず、SixTONESとしてのデビューに繋がったのだから、その辛い経験も今思えば〝現在の糧〟になっているに違いない。

新たに目覚めた〝役者魂〟

『ドラマ中は課題を一つクリアするたび、自分にご褒美をあげているんです。
たとえば「今日はＮＧを１回も出さないぞ」と決めてスタジオやロケに入って、
その通りに撮影することが出来たら、帰り道にある焼肉屋さんに入って、
ニヤニヤしながらタン塩を焼く（笑）。
たったそれだけのことですけど、
「自分は明日も頑張れる！」っていう活力になるんです』

この1月、SixTONESとしてCDデビューすると共に、Snow Manも含めた15人の中で唯一連ドラに出演していた松村北斗。

それが火曜日21時枠の『10の秘密』だった。

14才の娘と暮らすシングルファーザーの主人公が、ある日突然娘を誘拐されたことをきっかけに、娘の母親でもある元妻の消息を追いかけながら、家族や周囲の人物、関係者の秘密が明らかになっていくサスペンス。

松村は音楽大学に通う大学生役で、誘拐された娘とは音楽仲間。〝伊達翼〟の偽名を使って母親の死の真相を探る、本名を〝岩瀬真一郎〟という青年を演じた。

松村が演じる伊達翼は、クライマックスに向かう〝秘密〟の鍵を握る人物だった。

ストーリーが進むにつれ、監督から出される課題を一つ一つ消化し、松村自身――

『この1本の作品だけで、連ドラ3本、いや5本分ぐらいの勉強になったかも』

――と語る。

『監督が自分に出された課題はいくつもあって、
中には〝他の役者さんには知られたくない〟ほど貴重なヒントがあるので言いたくない（笑）。
でも目線の作り方とか呼吸の仕方とか、
「顔の表情こそが〝上手い役者〟と〝大根役者〟の境目」
——と教えて頂いて、初めてモニターにかじりついて見てましたね。
向井（理）さんや佐野（史郎）にも「さっきの目線の意味を教えてください」って、
かなりしつこくつきまとっちゃいました』

主人公、白河圭太を演じた向井理。

そしてすべての秘密、諸悪の根源を作り出した帝東建設社長、長沼豊を演じた佐野史郎。

松村はこの2人を手本に、一挙手一投足を見逃すまいと撮影モニター前に陣取り、さらにその記憶を実際のオンエアと頭の中で比較しながら、自宅でも〝『10の秘密』漬け〟の毎日を送る。

『もう本当に、今の自分が松村北斗なのか伊達翼なのか岩瀬真一郎なのか……
日常の中でも錯覚しまくり（苦笑）。
お陰で本当、次の作品で試したい芝居のストックがたくさん出来ました』

これまではクールな役柄が多い松村だが、佐藤隆太や鈴木亮平などが得意とする役柄――

『〝ザ・熱血漢!〟にも挑戦してみたい』

――と貪欲に語ってくれた。

イメージと違う〝意外な顔〟

『これ大きなお世話だと思うんだけど、
最近グループをやめた元アイドルがバラエティに出て、
自分が所属していたグループをネタにして笑いを取ったり、
ファンを笑い者にしてギャラをもらったりしているじゃないですか。
アレってどうなの？　みんな許してんの？
だったら本当、アイドルファンってお人好しすぎるよ』

〝大きなお世話〟とわかってはいても、言わずにいられない松村北斗。

それは男女の違いこそあれ、自分も「ファンのみんなを笑顔にさせる」「ファンのみんなに夢を与える」ことを仕事に選んだ身だからだ。

『ハッキリ言って、元アイドルの暴露話は、
現役で頑張っているアイドルたちを遠回しにバカにしているわけじゃん?
「ふざけんなよ、アイドルから逃げた人間がアイドルをバカにする?
お前、赤ん坊から人生やり直してこい!」
……ぐらい、俺は言ってやりたいね(笑)』

――ますますヒートアップする松村。

実はこの時、彼は〝中学生の頃からお世話になっている〟日本テレビのドラマ制作プロデューサーと食事をして、少々お酒をたしなんでいたのだ。

「でも北斗が言っていたのはド正論で、それに誰か個人を槍玉に上げるつもりではなく、そういった風潮に対して〝納得がいかない〟のが彼の主張」(制作プロデューサー氏)

暴露話で仕事を受けるアイドルも、もしかすると〝事務所の命令〟で嫌々話しているケースもあるだろう。

しかしアイドルとファンの関係は、少し対応を間違えると大きなトラブルに発展しかねない。

『俺たちはハイタッチ会をする予定だったけど、ハイタッチ会を開催した（ジャニーズの）先輩も「ハイタッチじゃなく、無理矢理手を掴んで引っ張ろうとするファンもいる」――と言ってたから、ファンとの交流は何が起こるかわからない。
でもさ、もしハイタッチ会や握手会で嫌なことがあっても、
それをアイドル側から発信するのはどうなんだろう？　しかもアイドルをやめてから。
その子を大切に思っていたファン、全員の思い出を踏みにじるのは』

たとえどんなに嫌でも、表に出る人間には発信していいことと悪いことがあるのではないだろうか。

中には何時間もかけて遠くから会いに来てくれるファン、握手をするために多くのCDを購入してくれるファンもいる。もし感謝の気持ちが少しでもあるのなら、そんなファンをネタにして笑いを取ることが、タレントとして〝恥ずかしい〟ことを自覚するべきだろう。

『まあ、文句ばっかり言ってるけど、俺だって全然不完全な人間だし、欠点だってたくさんある。

きっと〝松村北斗のここが違う!〟って人もいる。

そんな人は俺の至らない点を正面から指摘して欲しいし、遠慮なく何でも言ってもらって構わない。

そうしたら俺は自分の欠点と改めて向き合えるから。

俺のイメージにはないかもしれないけど、
俺は「自分が成長するためなら、どんなに嫌な思いをしても乗り越える」――って決めてるから』

個性的なメンバーが揃ったSixTONESの中でも、さすがに「自分の欠点を何でも指摘して欲しい」と申し出るのは、松村ぐらいのものだろう。

「そういう点では、グループの中で北斗が最も真摯だね。外見からはまったくそう見えないし、むしろさっきまで暴露系アイドルについてキレていたように、気に入らないことがあると絶対に許さない顔をしてるから(苦笑)」(前出制作プロデューサー氏)

人をイメージだけで判断すると、相手の良い面が目に入らなくなる。

実は松村北斗も外見のイメージとは違う一面を持っているようだ。

田中樹

メンバーが全員認める〝ナイスガイ〟

『メンバーでアンケートを取ると、
だいたいが〝女子に一番モテるのは樹〟になるのは、
それはみんなのお陰でもあるんですよ。
ずっとMCや進行を担当して、
常に〝どうすれば満遍なく全員がウケるか〟を考えてきたわけです。
日々の生活の中でも、出会った人、それぞれの表情や動作から、
〝何をしたいのか〟を推理する癖をつけてきたら、
いわゆる〝気遣いの人〟になれた（笑）』

「同じジャニーズの仲間、特にJr.時代からの仲間にも、表面上は良好な関係に見えて、実は〝アイツの[redacted]なところ、ずっと苦手だったんだよね〟というメンバーはいるでしょう。場合によっては同じSixTONESの中にも」

ジャニーズJr.のメンバーに詳しい人気放送作家氏は、「ここでは名前を出せない」としながら、

「すべてのグループ、ユニットにおいて、100%全員から好感を持たれているメンバーはほんの一部」

――と断言する。

「それはジャニーズに限ったことではなく、ファンの皆さんが通う学校、サークル、職場においても同じでしょう。100人の仲間がいて99人まではその人に好感を持っていても、必ず1人はあまのじゃくがいる」（人気放送作家氏）

そのほんのわずか、限りなく100人に近い数まで〝好感を持たれている〟のが、人気放送作家氏によれば、

「SixTONESでは田中樹くんしかいません」

――だという。

「彼は相手が誰だろうと分け隔てなく優しいし、顔には出さずとも悩んでいる、苦しんでいるメンバーを察知する能力がズバ抜けている。いつも周囲に目を配り、自分のほうから「何かあったか?」などと声をかけてくれるのです。ヤンチャで強面、唯我独尊のお兄さんとは性格が真反対で、言ってみれば反面教師だったのかもしれませんね」（同人気放送作家氏）

いや田中聖は田中聖で、たとえば道で困っている高齢者に手を差し伸べたりと、根っからの人間的な優しさがあった。

おそらくは反面教師ではなく、兄の資質の一部を受け継いでいるのでは?……と思う。

「本人は（冒頭のセリフにもあるように）『常に〝どうすれば満遍なく全員がウケるか〟を考えてきた。**それぞれの表情や動作から〝何をしたいのか〟を推理する癖をつけてきた**』——と、優しさではなく〝癖の賜物〟と謙遜しますが、それは照れ隠し。だってあの個性的なS・i・x・T・O・N・E・Sのメンバーが、全員認めているんですから」（同氏）

まさに「ナイスガイ!」と声をかけたくなる男、それが田中樹なのだ。

〝ライバル〟Ｓｎｏｗ Ｍａｎとのつき合い方

『実はある先輩に少しだけ〝注意しろよ〟と言われたことがあって、
それはＳｎｏｗ Ｍａｎとのつき合い方なんですよ。
基本、みんな〝戦友〟みたいな感じで昔から仲はいいし、
特に渡辺翔太とはオフを合わせるぐらいだけど、
デビューしてからも同じような関係性でいるのは「アマチュアだ」――と。
まだちょっと、俺にはそのあたりがわからないんですけどね（苦笑）』

滝沢秀明ジャニーズ事務所副社長が仕掛けた(とされる)SixTONESとSnow Manの同日同タイトルデビューは、結果的にはオリコンチャートで史上初の〝新人アーティスト初週ミリオンデビュー〟を飾った。

「明らかに両グループを競わせ、ファンを煽る手法です。発売前、まさかチャートにランクインするのが〝同曲扱い〟になるなんて、ファンの皆さんは思ってもみなかったでしょうからね。同日デビューとなると、普通は〝どちらかが上で、どちらかが下〟でランクインすると思いますし、それを避けてもらいたかったのがファン心理」(音楽誌ライター)

そうなるとファンは自分の担当がいるグループを勝たせたい。またCDにはハイタッチ会の参加応募券も封入されているので、実益としても大量枚数買いが当たり前。むしろ自らが大量買いしたことで、どちらが1位になるのか〝楽しみになった〟ファンも多いと聞く。

「ところが蓋を開けてみると〝1曲扱い〟で、その後出しジャンケンぶりに〝AKB商法より悪質では〟の声も上がりました。それでもこれまで10年間連続でAKB48が保持していた〝年間シングルチャート1位曲〟に『Imitation Rain/D.D.』が輝くのは間違いなく、今さら〝やっぱり別々にカウントします〟とは言えませんからね」(同ライター氏)

するとTBS『CDTV』担当プロデューサー氏が、スタジオ収録に訪れた田中樹から、冒頭のセリフを聞かされたという。

「その先輩の名前は『バレると怒られる』と話していましたが、意外にシビアな正論を後輩にぶつけるのは手越祐也くんか藤ヶ谷太輔くんぐらいでしょう。それより上の世代とは、田中くんも絡みがほとんどないので。でも僕も同じ意見です。程度にもよりますが、ファンのためにはそうするべき」
（『CDTV』担当プロデューサー氏）

『Imitation Rain／D.D.』と『D.D.／Imitation Rain』を買ってくれたファンたちは、前提としてSixTONESとSnow Manが〝ライバル〟だから成立するリリース方法だと思い、頑張ってCDを買ってくれたのだ。

結果はどうあれ、そのライバル同士があまりにも仲良くしている姿は、正直に言ってあまり良い光景ではあるまい。

「そう話すと田中くんはすぐに、『わかりました。もし僕がファン側にいたら〝そりゃないよ〟になりますもんね』――と、こちらの趣旨は秒で理解してくれました」（同プロデューサー氏）

そんな同日リリース方式はデビュー曲だけで終了し、6月3日にはSixTONESのセカンドシングル（タイトル未定）が発売される。

『自分たちだけのシングル、ここからが本当の勝負ですね』

田中樹の顔はキリッと引き締まり、瞳は希望の炎で燃えていた――。

自分を見守り続けてくれる〝特別な存在〟

『ジャニーズ事務所の先輩からジャニーズJr.の後輩に至るまで、
俺たちにとって〝芸能界の父〟は、一生ジャニーさんしかいない。
去年、ジャニーさんが亡くなった後にJr.入りした子たちにとっても、
芸能界の父はジャニーさんだけ。
滝沢くんも――
「俺の仕事は、
ジャニーさんのエンターテインメントのＤＮＡを後世まで残し、育てること。
もし俺が倒れたとしても、俺に育てられた俺の後継者は、
間違いなくジャニーさんのＤＮＡを持っている。だから心配ない」
――って、めちゃめちゃカッコいいことを話してくれました』

昨年の7月9日、解離性脳動脈瘤破裂によるくも膜下出血が原因で、この世から旅立たれたジャニー喜多川さん。

SixTONESとSnow Manのメンバーはもちろん、すべてのジャニーズ事務所の所属アイドルたちは、稽古場やレッスン場、帝国劇場、日生劇場、新橋演舞場、シアタークリエ、東京グローブ座、NHK放送センターとNHKホール、そして各テレビ局のスタジオ、外部のスタジオセンターに至るまで、どこで仕事をしていようとも――

『そこで今、ジャニーさんが見守っていてくれた』

――という錯覚に陥るそうだ。

「ジャニーさんはタレントたち、特にジャニーズJr.が頑張っている現場には足を運び、〝ジャニー流エンターテインメント〟を叩き込んでくれました。ジャニーズのタレントが使用するあらゆる施設には、ジャニーさんが残してくれた魂が宿っているのです」（某民放プロデューサー氏）

そんな中――

『俺と慎太郎は、デビューする姿を見せて恩返しがしたかった』

――と語るのは、田中樹だった。

『ジャニーさんはあの時、俺や慎太郎を探して、
「ユーは気にすることないよ」
――と、わざわざ励ましに来てくれたんです。
励ますきっかけがきっかけだけに、ずっと話し難かったんですけどね（苦笑）』

田中樹の〝ヤンチャな兄貴〟こと田中聖は、ジャニーズJr.に入って1年足らずでドラマのオーディションに合格。KAT-TUNのメンバーに選ばれる前年（2000年）には、すでに連ドラ、単発ドラマ、映画、舞台と幅広いチャンスを与えられた、注目Jr.の一人だった。

『そんな兄貴に憧れて芸能人になりたかった俺だけど、
やっぱりJr.時代は〝田中聖の弟〟として特別視されることも多くて。
バカレア組やSnow Manだけは、俺を〝一人の人間〟として認めてくれてたんですよね』

しかしその裏で、兄の〝ジャニーズ所属タレントには相応しくないルール違反(※飲食店経営など)〟がたびたび問題視され、『私立バカレア高校』の翌年、兄は専属契約を解除され、KAT-TUNを脱退した。


『ショックの前に、〝自分もやめなきゃいけない〟感情がブワーっと湧いてきて、
勝手に自分を追い詰めてしまったんです。

そんな俺をジャニーさんは探し歩き、優しく——

「ユーは気にすることないよ」

「今まで通り頑張ればいいんだから」

——とだけ言って、また早足で消えていきました』

目に浮かぶその光景は、ジャニーさんが田中に「エンターテインメントを続けなさい」と伝えるためだけに訪れたことを物語っている。

『慎太郎も『バカレア』の1年前、兄貴が喫煙で活動停止になった時——
「ユーは気にすることないよ」
——と言われたと話してました』

その後、2014年に森本龍太郎がジャニーズ事務所を退所した際、田中聖が渋谷区道玄坂で大麻取締法違反容疑で現行犯逮捕された際、ジャニーさんは同じように田中と森本をフォローしてくれたそうだ。

『俺たちはジャニーさんがいなかったら、この場所にはいられなかったかもしれない。
みんなにとって平等に大切なジャニーさんだけど、
俺と慎太郎の心の中では、さらに〝特別な存在〟なんですよ』

――そう語った田中樹。

そして彼はＳｉｘＴＯＮＥＳとしてデビューした。

今自分がここにあるのは、ＳｉｘＴＯＮＥＳのメンバーでいられるのは、あの時勇気づけてくれたジャニーさんのお陰。

田中樹にとって〝特別な存在〟のジャニー喜多川さんは、彼の中で永遠に生き続け、そしていつまでも彼らの活躍を空から見守り続けていることだろう――。

京本大我

念願の〝ミュージカル初主演〟に寄せる想い

『こんなことを言ったら〝上から目線〟だと誤解されるかもしれないけど、
俺がミュージカルや舞台と出会って〝生き甲斐〟の一つを見つけたように、
メンバーそれぞれがＳｉｘＴＯＮＥＳ以外の居場所を作れた時、
より一層、６人の絆や信頼が深まると思う。
またそうならないと、
ＳｉｘＴＯＮＥＳの中での切磋琢磨が出来ないんじゃないかな』

4月8日午前0時に発効された1都1府5県の緊急事態宣言は、およそ1ヶ月後の5月6日まで、29日間に及ぶ制限下で新型コロナウイルスの蔓延を防ごうとするものだ。

そして政府の発表を受け、東宝演劇は「4月・5月に東京で初日を迎える予定だった公演、および演目の全国ツアー公演をすべて中止する」と発表した。

その対象には京本大我初主演ミュージカル『ニュージーズ』も含まれていた。

「東宝演劇サイドは〝現下の情勢においてはリハーサルをはじめとする準備期間が確保出来ないこと、全国ツアー公演が多くのキャストやスタッフの移動を伴うことであることを鑑みて、成立が困難と判断したことによるもの〟――と説明しました。残念だし無念ですが、これればかりはどうしようもありません」

5月8日から30日までは東京・日生劇場で、6月6日から13日までは大阪・梅田芸術劇場で。それがブロードウェイから日本初上陸、ディズニーミュージカル『NEWSIES（ニュージーズ）』のスケジュールだった。

「この作品はアメリカで〝ニュージーズ〟と呼ばれる新聞売りの少年たちの生活を描いた、人気映画の舞台化作品です。1899年夏のニューヨークを舞台に、ニュージーズたちが懸命に生きる日常を描き、ブロードウェイで大ヒットしました」

――解説してくれるのは、このミュージカルを共同製作する、TBSのイベント関係者氏。

「ニュージーズのリーダー的存在、主人公のジャックに京本大我くん。不自由な足で懸命にニュージーズとして生きる、友人のクラッチー役に松岡広大くん。父親が失業し、幼い弟と新たにニュージーズに加わったデイヴィ役に、加藤清史郎くん。彼らニュージーズを仕切る街の実力者で、新聞社オーナーのピュリツァー役に松平健さん。その他のキャストを含め、登場人物の魅力的なキャラクター設定と配役に、ワクワクしないミュージカルファンはいませんよ」

さらに演出は、京本がミュージカルに開眼した作品『エリザベート』を演出し、京本自身が――

『ジャニーさんがアイドルの僕を生んでくれたとしたら、ミュージカル俳優としての僕を生んでくれた方』

――と言う、日本のミュージカルを代表する演出家、小池修一郎氏の手によるもの。

そして微塵の迷いもなく、京本大我は緊急宣言が発せられる前にこう語っていた——。

『緊急事態宣言の期間に〝稽古活動の自粛〟になれば、
スケジュール通りの上演は無理かもしれません。
それでも僕らは前を向いて、初日を迎えるために進むしかない。
自分自身の初主演にケチをつけたくないとかの話じゃなく、
この作品は絶対に世に出るべきだからです。
間違いない。僕らを信じて欲しい』

彼をはじめとするすべての関係者の想いが詰まったこの作品、今回は残念ながら初日の幕が上がることはなかったが、必ず再調整の上、同じキャスト、同じスタッフで上演される日が来ることを信じ、待ちたいと思う。

「楽しみが少し先に延びただけ」……と、笑顔で受け入れよう。
最も辛いのは、最もしんどいのは、京本大我なのだから——。

あの先輩からの〝歌唱指導レッスン〟

『いろいろと誤解されてはいるけど、
手越（祐也）くんは俺にとって最高の先輩の一人。
ちょっと会わないと「元気にしてる?」って連絡をくれるし、
ウチの父と飲んだ時も俺をめちゃめちゃ褒めてくれるらしくて（笑）。
この前も晩ごはんをご馳走になった後、
カラオケ屋で歌唱指導やアドバイスをしてくれたり。
そんなこと、いい人じゃないと絶対に出来ないもん』

ジャニーズ事務所に所属するタレントたちは、いわゆる社歴やデビュー順による芸能界有数の縦社会。完全に〝体育会系〟のシステムに組み込まれることは、広く知られているだろう。

「実は今のジャニーズ事務所は創立以来最多、ジャニーズJr.を除いて104名に及ぶメンバーと正規のタレント契約を結んでいます。それだけの所属タレントがいると、何年か区切りでその世代の〝ボス〟が存在しています。先輩たちよりも自分の同世代、後輩たちとのつき合いを重視するタイプ。代表的なのがNEWSの手越祐也です。彼は同じNEWSのメンバーか、気に入ったジャニーズJr.のメンバーばかり飲食店を連れ回す。別にそれだけなら構わないのですが、そこにつき合いのあるIT社長や怪しいコンサルタント、時にはLINEで〝手越ガールズ〟を呼び寄せることも。お気に入りの後輩にはデビューしたばかりのSnow Man、SixTONESのメンバーもいるので、十二分に気をつけてもらわないと」（芸能週刊誌記者）

そんな手越を〝最高の先輩〟と慕うのが、SixTONESの京本大我。

冒頭のセリフがそれを証明している。

「彼の場合、父親の京本政樹が手越と昵懇の仲という特別な環境にありますが、それを抜きにしてもストレートに手越を尊敬している。その理由が何時間にも及ぶ〝歌唱指導〟です」（同記者氏）

直接、京本からエピソードを聞いている舞台関係者によると、京本と手越の食事会はほとんどが――

『歌が上手くなりたい』
『結果がちゃんと出る練習法は』

――など真面目な話ばかりで、しかも京本の疑問に答えるべく、手越お気に入りのカラオケで、毎回数時間のレッスンをつけてくれるとのこと。

「そして京本大我は〝自分でも驚く〟ぐらいの、目に見張る上達ぶりを手に入れたのです。それは間違いなく手越の歌唱指導のお陰です」（同氏）

そこには世間で言われている〝チャラい手越〟とはまるで違う顔がある。
そうした真面目な一面を持つ手越のことを、京本は〝最高の先輩〟と尊敬している。
何よりも京本大我の歌唱力が手越の歌唱指導で目に見えて上がったというのだから、その点は〝手越効果〟と言って間違いない。

『バカレア組』こそが原点

『今だから言えるけど『私立バカレア高校』で一番頼りになったのは、
最年少の慎太郎だったからね。
俺、見てたもん『受験の神様』。
他にも（中山）優馬くんの『恋して悪魔』とか、
山田くんの『左目探偵ＥＹＥ』も。
そりゃあ俺たち、敵わないって』

SixTONESメンバーが唯一、全員集合した連ドラ『私立バカレア高校』。

いや、SixTONESメンバーが全員集合したというよりも、この作品があったからこそSixTONESが生まれたのだが。

いずれにしてもこのドラマに抜擢された6人中4人がドラマ初出演で、事実上〝子役経験〟がある森本が現場を引っ張らざるを得なかったそうだ。

京本大我はデビューした今、改めて当時の様子を振り返る――。


『いやいや、4人じゃなくて残りの5人全員だよ。

だって樹は兄ちゃん（田中聖）のドラマに出してもらったヤツと、あともう1本も『バカレア』と同じ時期のチョイ役でしょ？

〝慎太郎様〟とは場数が違うから、場数が。

でも本来のジャニーズJr.の活動では、確か慎太郎はTap Kids、俺はKitty Jr.、ジェシーと樹がHip Hop Jumpで、北斗と高地がB.I.Shadow。

みんなそれぞれ、Jr.のユニットには選抜されてたんだよ』

そうしてドラマのために集められた6人は、ＡＫＢ48の人気若手メンバーたちと共演。
〝ジャニーズ×女性アイドル〟のドラマに抜擢されたにしては、意外な反響を集める。

『お互いのファンから大して批判を浴びなかったというか、逆に受け入れられたというか。
だからめちゃめちゃノビノビとやれたし、立ち回りにも集中出来ましたね』

――京本は現場に入る直前に数分間の座禅を組み、集中力を高めてから芝居に臨んだ。

『皆さんきっと、俺たちが朝から晩まで和気あいあいとした空気の中で芝居をして、
その楽しさから〝バカレア組で正式ユニットを組みたい〟と言い出したと思ってるかもしれないけど、
全然そんな理由じゃないからね。
むしろピリッとした空気の中で、お互いの肌と肌で感じる緊張感が心地良かった。
「絶対に相手より先に失敗したくない」
――そんな現場とメンバーが、俺たちにはかけがえのないモノだったんです』

回を重ねるごとに手応えを掴んでいくメンバーたち。
お互いの存在がこれほど刺激になる現場はもちろん初めてだった。

『俺たちにとって〝原点〟以外の何モノでもない。
『バカレア』がなかったら組まされることがない6人だと思うし、
3ヶ月ぐらいの撮影期間でお互いを知れたからこそ、〝6人での活動〟を望んだんです』

ドラマ終了後にはマスコミが「『バカレア』の6人、魅力的じゃない?」「彼らにユニットをやらせてみたい」「ジャニーさんもそのつもりでしょ?」などと煽りに煽り、ファンの皆さんも6人がグループを結成し、CDデビューに向けて盛り上がると信じて疑わなかった。

しかし京本に言わせると――

『そこに落とし穴があったとしか考えられない』

――という。

つまりは〝この6人でこのままデビュー出来る〟と思い込んだことによる、ちょっとした気の緩みが、知らず知らずのうちに心のどこかに隙を作ったということか。

『今はもうデビューしてるし、
今さら「何でデビュー出来なかったんだろう？」と考えても意味がない。
ただ1年に1回は『バカレア会』を開いて、思い出を肴に盛り上がってます。
それぐらいは許してよ（笑）』

大丈夫。
誰もが〝『バカレア組』こそが6人の原点〟――と知っているから。
今は当時のことも笑って話せる京本大我。
もう過去を振り返って悔やんだりしない。
今はただ前を向いて、未来に向かって突き進むだけだ。
S・i・x・T・O・N・E・Sとして――。

ジェシー

〝今の自分たち〟を見て欲しい！

『今でも〝デビューまで時間がかかって辛かったでしょ?〟とか聞かれますけど、
結果としてバカレア組から8年経っていただけで、
目の前のこと、一つ一つ懸命に取り組んできた自信はあるので、
むしろ〝辛い〟とか考える暇がなかった。
これはメンバー全員、数少ない共通点だと思います』

ジェシーがSixTONESについて一貫して語っていること、それは――

『自分たち6人は〝個性の塊〟。その塊の集合体がSixTONES』

――というスタンスだ。

「『自分たちは〝友情〟〝チームワーク〟〝絆〟がセールスポイントのグループではない』――とジェシーくんは言ってますね。もちろん友情やチームワーク、絆が〝無い〟という意味ではありませんよ」

長年、ジャニーズJr.の番組を担当するテレビ朝日プロデューサー氏は、SixTONESの6人を「バカレア組の頃から、よく焼肉を食べに連れていった」という、彼らの恩人の一人。

そんなプロデューサー氏はSixTONESが『ミュージックステーション』に出演した某日、生放送終了後にジェシーとリーダーの高地優吾を伴い、数年前までよく訪れていた麻布十番の焼肉店に向かったそうだ。

「たまたま2人としか予定が合わなかったのですが、とりあえずデビューのお祝いを。通算5回目のお祝いでしたけど（笑）」（テレビ朝日プロデューサー氏）

旨い焼肉に舌鼓を打ち、満腹で幸せそうな高地を横目に口を開いたジェシーは、プロデューサー氏に向かって――

『自分たちに取り憑いている呪縛というか、これはもう宿命みたいなものですかね』

――と、いつも貼られる〝レッテル〟を「何とか剥がしたい」と打ち明ける。

『自分たちはいつまで経っても、
〝バカレア組からずっと苦労してようやくデビューが決まった〟イメージを植えつけられたまま。
〝バカレア組〟は最高の思い出だけど、その後に続く〝Jr.時代の苦労〟なんてどうでもいいし、
しかもメンバー6人がお互いに励まし合いながら、
ようやくデビューに漕ぎ着けたかのような〝ストーリー〟が、
自分たちには最初から用意されている気がする』

――と、苦笑いを浮かべながら話したジェシー。それが冒頭のセリフだ。

『大切なのは〝これから〟で、過去にかかった時間じゃない。
自分たちも、そして自分たち以上に時間がかかっているSnow Manも、
前を向いて未来しか見ていないのに……』

――ジェシーはそう言うと、自分たちに貼られている〝レッテル〟に不満を抱えている様子だったという。

「彼らを知っている分、言葉の一つ一つに〝覚悟〟を感じましたね。もちろん良い意味での〝未来に向かう覚悟〟を」

――ジェシーの言葉の裏側にある想いを、そう教えてくれたプロデューサー氏。

『何よりも今の自分を、今のSixTONESを、ちゃんと見て欲しい』

ジェシーの願いは、SixTONESを見ている多くの人々にきっと届くはずだ――。

〝テンションMAX〟なデビュー祝い

『デビューしてから覚えたのは高級魚の味(笑)。
もうさ、〝俺がそれまで食べていたのは何だったの!?〟って驚くぐらい。
ノドグロやキンキ、メバル、カサゴは最高に旨いね。
先輩方もデビューしてから偉い大人とつき合って、
グルメになっていったんだな〜って、つくづく思い知ったもん』

2020年1月22日、YOSHIKIプロデュースの『Imitation Rain』でデビューしたSixTONES。

『最初に話を聞いた時は、絶対にウソだと思ってました。
何であのYOSHIKIさんが俺たちごときのデビュー曲を?
きっと〝STONES〟っていう名前のワインか香水をプロデュースすることになって、それでSTONESと読み方が同じ〝SixTONES〟と間違えられたんだろ……と、壮大なオチを予測してました(笑)』

――そう言って爆笑するジェシーだが、滝沢秀明副社長の尽力で〝マジ話〟だと知った時には、

『〝やっぱり間違いだった。君たちはイメージと違う〟……とか言われても、絶対に返しませんからね!』

――と、テンション爆上げだったらしい。

『天国のジャニーさんに笑われないように、
すげえ作品を作るためにもテンションはずっと爆上げでした。
そのテンションが最高潮に達したのはいつだと思います？
実はお祝いをして頂いた時に食べた、
〝絶品ノドグロの味〟を舌が知ってしまった時だったんですよ!!』

まさに冗談のような本当の話だが、ジェシーと同席した某テレビ局のプロデューサー氏も、

「銀座にある有名なノドグロ専門店で、実は以前、ジェシーくんの憧れの先輩でもある堂本剛くんが『めっちゃ旨い魚が食いたい時は行ってみ？』――と教えてくれた店だそうです。本来、ジェシーくんの性格だと〝わざわざ教えてもらって口に合わなかったら、剛くんに合わせる顔がない〟といって回避するところですが、なぜかその日に限って『剛くんに教えてもらった店に行ってみたいです』――と、頼んできたのです」

――と証言してくれた。

さて、その結果は冒頭のセリフからも明らかだが、加えてノドグロ以外の『キンキ、メバル、カサゴは最高に旨いね』は、また別の日にご馳走になったとのこと。

ちなみにジェシーによれば――

『メンバー? メンバーはあれですよ、まだちょっと早い』

――と、しばらくは独り占めのつもりらしい(笑)。

〝6つの個性〟がぶつかり合って生まれる〝1つの力〟

SixTONESがデビュー曲『Imitation Rain』のスタジオ収録を行った『CDTV』(TBS)の合間、見学に訪れていた旧知のディレクター氏を見つけたジェシーは、嬉しそうな笑顔で駆け寄ってきたという。

「彼とは10年以上の知り合いなので、会うといつも時間が逆行する。今年で24(才)ぐらいになるはずなのに、一瞬で中学生の頃の笑顔に戻る。僕としては嬉しいし、そんな彼が可愛くて仕方がないんだけど(笑)」(ディレクター氏)

確かに小学生から中学生にかけてのジェシーは〝天使〟だったけど、今はどちらかといえば〝堕天使〟の凄味を増している。だからこそディレクター氏の前で見せるギャップは特別。

「するとジェシーくんが、いきなり僕に『覚えてませんか?』――と言うのです。一体何のことかと思いました」(同氏)

それがこのセリフだった——。

『SixTONESが結成された年かその翌年かは忘れたけど、あるインタビューで「SixTONESはどんなグループ?」と聞かれて、咄嗟に返した答えを忘れちゃったんです。あれ、どんなセリフだったか覚えてませんか?』

何を喋ったのかを忘れたのは自分なのに、ディレクター氏にそう聞いたジェシー。

「何となくはわかりました。でも〝何となく〟なので、一部分だけしかわかりませんよ。でもジェシーくんがその頃、よく『SixTONESっていう列車には自由席しかないんだよね』——と言っていたので〝それかな?〟と」(同氏)

どうやら正解だったらしい。

『俺って名言メーカーだからカッコいいセリフがいっぱいあるんですけど、
あの頃は咄嗟に聞かれたのによく出たな～って。

「SixTONESを列車に例えると、性能は超特急だけど、指定席のチケットがないんです。

オール自由席。

だからどこに座ってもいいし、並んで座る必要もない。

そうやってバラバラなのが〝俺らの個性〟だから」――みたいな感じかな？

昔よりアレンジが加わった気がするけど（笑）』

SixTONESが〝6つの個性の集まり〟というのは、実は亡くなったジャニー喜多川さんが、
結成の時からメンバーに口を酸っぱくして言い聞かせていたコンセプトだ。

『ジャニーさんはそれに続けて必ず――

「ユーたちは自分の個性を失っちゃいけない。

自分の色に輝くことが出来なくなったら、それは単なる〝石ころ〟だよ」――って。

今思い返しても、ありがたい、素敵な言葉だった』

しかし、社長のお墨付きを頂いたからといって、その個性をはき違えてはいけない。

ジェシーはメンバーを集め、まず「俺の個性って何だと思う?」と尋ねたそうだ。


『最初は自分の自覚とメンバーの意見がズレていたら〝ヤバいよな〟程度の意識だったんです。

もしズレていたら、俺が思っているほうにメンバーを誘導しなきゃいけないから。

でもそこまで大きくは違っていなかったから、自信を持ったんです』

そしてジェシーは自ら進んで——


『高地の個性は柔軟性かな。

俺らの中で柔軟性があるのはお前だけ』

——と切り出し、6人がそれぞれの個性を指摘し合える空気を作り出す。

『楽しかったし、もしかしてジャニーさんは、俺たちにお互いの個性を理解させることで、
それぞれバラバラでも根っ子の部分で固く結ばれているような、
そんなグループを作りたかったんじゃない？――って確信したんです。
だから俺たち、バカレア組時代から悩みもしたし苦しみもしたけど、
個性を理解し合っているから踏ん張れた。
絶対にジャニーさんは、そこまで見抜いていたに違いない』

――ジェシーは嬉しそうに、ジャニー喜多川さんについて語る。

そして――

『ジャニーさんの想いを絶対に裏切らない。
〝6つの個性がぶつかり合って1つの大きな力が生まれる〟――そんなグループになりたい』

――と、改めて誓ったのだ。

森本慎太郎

将来を見据えた活動

『俺なんかが自分の意思で、
〝こんな仕事をしたい〟って言うのはおこがましいし、
ジャニーズ以外の世界はほとんど知らないんだから、あと2年や3年は、
〝頂いたチャンスにどう応えるか？ 結果を出すか？〟だけを考え、
猪突猛進するしかない。
俺はその2～3年こそが、10年先の自分を作る基礎になると思ってるから』

2006年10月、すでにジャニーズJr.として活躍していた兄の背中を追うように、兄と同じく9才でジャニーズJr.入りした森本慎太郎。

その後、Hey! Say! JUMPのメンバーとしてメジャーデビューを果たした兄だったが、高校卒業を機にジャニーズ事務所を退所。さらに今年1月、SixTONESのメジャーデビュー直前に芸能活動、アーティスト活動から引退した。

「どこかで再び兄弟の道が交わることを期待するファンも多かったので、少し残念な気がします。音楽的にも才能を発揮していた龍太郎くんは、インディーズ系で面白い活動を続けていましたからね。しかし逆に考えると、慎太郎くんのほうは背負った重石を一つ下ろすことが出来た。弟の飛躍を兄がお膳立てした――私にはそんな風にも思えます」

芸能界と音楽界に幅広い情報網を持つとはいえ、重鎮ライターI氏が森本慎太郎と森本龍太郎の〝今〟に注目していたのは意外だった。

「バカレア組時代から彼らには注目していて、Kis-My-Ft2が引き継げなかった〝KAT-TUN〟路線の後継者と見ていました。しかし彼らはKAT-TUNのデビュー時とは比べ物にならないほど、高いレベルのパフォーマンスと不良性を融合している。かつてジャニーさんが最も評価していた〝不良グループ〟男闘呼組さえも超える最高傑作が、令和の時代に誕生する予感しかしません」

ずいぶんと懐かしいグループの名前が飛び出したが、そういえば男闘呼組のライバルで、ジャニーズ事務所の〝スポーツ・アクロバット系〟の元祖とも言える光GENJIに、それぞれSixTONESとSnow Manを当てはめても面白い考察が生まれるだろう。ローラースケートはKis-My-Ft2の代名詞ではあっても。

「SixTONESとSnow Manはデビューまで時間はかかりましたが〝これまでのジャニーズのエッセンスを濃縮し、両者に振り分けるための時間だったのではないか?〟とポジティブに捉えています。特にSixTONESではその演技力が高く評価され、繊細な芝居を身につければ役者としての将来が約束されそうな、慎太郎くんに注目しているんです」(重鎮ライター氏)

グループアイドルがもうワンランク上にステップアップするには、メンバーの1人ないし2人が個人仕事で結果を残し、所属グループに視線を集めなければならない。

過去、ジャニーズはSMAPにおける木村拓哉、TOKIOにおける長瀬智也、嵐における松本潤など、連続ドラマで稼いだ好視聴率分の視聴者を、それぞれのグループに持ち帰った。

SixTONESにおける森本は、偉大なる先輩たちの後を追うことが出来るのか?

その可能性は、冒頭の森本自身のセリフに込められているだろう——。

〝ゴリマッチョ〟への道から救ってくれた仲間たち

『勘違いされたくないんだけど、
俺が目指してるのは〝ゴリマッチョ〟じゃなくて〝細マッチョ〟だから！
どうもこの〝鬼瓦系ルックス〟のせいなのか、
俺がジムに行くと「ライバルは松本（人志）さん？」って言われて。
いやいや、俺が目指すのは山下（智久）くん系のボディだから!!』

２００９年12月2日にデビューシングル『スノープリンス』でデビューし、1月までのわずか数10日間だけ活動をした〝スノープリンス合唱団〟。

その存在がお披露目されたのは、森本慎太郎主演映画『スノープリンス 禁じられた恋のメロディ』公開記念イベントの場だった。

「すでに先行発表されていたメンバーと、実際に登場したメンバーとの顔触れがずいぶんと違いました。それでも森本慎太郎くんをリーダーに、11名の合唱団メンバーが『スノープリンス』を歌い上げたことを覚えています。それと先行発表から漏れたメンバーに、田中樹くんがいたことも」（ベテラン芸能記者）

当時、テレビ朝日でジャニーズ関連の番組を担当していた元ディレクター氏は、

「森本くんが『来年の4月から中学生になるので、クラブに入るのが楽しみ！』――と笑顔で話してくれた姿が印象的」

――だったそうだ。

「ジャニーズに入る前は空手をやっていて、全国大会ベスト4に輝く腕前。中学では体操部に所属していたと聞いています。つまり子供の頃から筋肉質な体つきだったのは間違いありません」（テレビ朝日元ディレクター氏）

2010年4月に体操部に入部し、メキメキと実力をつけた森本。あまりイメージはないが、この頃にはSnow Manの佐久間大介に匹敵するほど、軽やかなアクロバットを決めていたらしい。

「転機はやはり2012年の『私立バカレア高校』に出演したことでしょう。近い将来、ステージでアクロバットを決める正統派のジャニーズアイドルになりたいのか、それともドラマやバラエティなどマルチな活躍を目指す方向に行きたいのか。森本くんは『**6人でいると今までには感じなかった"居心地の良さ"がある**』――と、後者寄りの道を選んだのです」（同ディレクター氏）

まさか森本も、後にこの時の判断が「SixTONESのメンバーになるか、Snow Manのメンバーになるか」の分岐点だったとは、想像もしなかっただろう。

「"マルチな活躍を目指す"道を選んだことで、彼はバカレア組の仲間や多くの先輩たちの影響を受け、体を一から作り直すトレーニングを始めます。ところが誤算だったのは、もとから筋肉がつきやすい体だったために、パワフルで重い筋肉を身にまとう"ゴリマッチョ"の道に進んでしまったこと。山下智久くんや岩本照くんのような細マッチョは体にキレを与えてくれますが、ゴリマッチョは……」（同氏）

身をもって自分の体質を知った森本は、トレーニングをコントロールすることで本格的なゴリマッチョ手前で踏み留まっている。

「実はそこにもバカレア組の協力があって、個性的でバラバラに見えるメンバーですが、森本くんの動向を常に誰かがチェック。トレーニングをやりすぎない、たんぱく質を摂りすぎないように、いつも気を配ってくれるそうです。グループにはグループのバランスがあるので、森本くんが〝あらぬ方向〟に突出しないように。そんな目的もあるんじゃないですかね」（同氏）

バカレア組のメンバーに出会わなければ、果たして今の森本慎太郎は存在していたのか？

それほどかけがえのない存在が〝仲間たち〟なのだ。

『鉄腕DASH』――TOKIOからSixTONESへ

『そういう噂、ジャニーズ以外の友だちから入ってきます。
いやいや、まったくありませんって（苦笑）。
でも〝（ひょっとして？）〟……と思いつつ、
こっそりエゴサしちゃってますけど』

SixTONESがデビューする直前、昨年12月から森本慎太郎が〝助っ人〟として出演し始めたのが、ご存じ『ザ！鉄腕!!DASH!!』だ。

『お話を頂いたのは結構前で、ジャニーズJr.の東京ドームコンサートが終わってしばらくした頃です。とにかくビックリしましたし、「無理無理無理無理ー!」としかリアクション出来ませんでしたね。だって大きな声では言えませんけど、ジャニーズに入る前、子供の頃からやってる偉大な番組ですもん』

助っ人のシンタローが何を助太刀するのかというと、番組をご覧の方はご承知の通り、DASH島に建設した反射炉を再稼働させることだ。

『そもそも「反射炉って何?」の世界ですからね。
一言で言えば鉄を溶かして製品を作る機械のことですけど、
〝熱が何度まで上がれば鉄が溶ける〟とか、じゃあ反射炉の反射って〝何を反射させるの?〟とか、ロケが始まる日まで超猛勉強ですよ』

反射炉で溶かした鉄から鋳物を作るための木型作りなど、意外な才能を発揮したロケを一人でこなす森本。

同時にDASH島では城島茂をパートナーに、ノコギリなどの工具の使い方、作業に励む自分が映るカメラポジションの取り方など、これまでに城島が会得してきた数々のノウハウを伝授されながら撮影は進む。

『そうなんですよ。そんな城島くんの様子に『DASH』の熱烈なファンの皆さんが、「城島くんは番組を彼に譲るつもりでは?」「そろそろTOKIOは体力的にキツい」「長瀬くんはカレーに夢中で、もう肉体労働をやりたくないのでは」……なんて、『DASH』に関するいろんな噂がSNSで拡散しているんです。
俺もその噂の一部に絡んでるから、良くも悪くも(SNSが)気になる。
それでエゴサ癖がついちゃったんです(笑)』

しかしそれは、あながち噂だけに収まるとは思えない。

なぜならば城島本人が、旧知の放送作家にこんなことを語っているからだ。


『シンタロー？　あいつはエエね、予想通りや。

指名した甲斐があったもん。

何か俺が感じてた運命の歯車、動き出したんとちゃうかな。

あの頃、達っつぁんがよく言うてたのよ。

「ジャニーズJr.の2人は勘がいい」――って。

「自分の息子役じゃないからこそ、作品の中でスパイスになってる」――って。

（DASH）島に反射炉を作った達っつぁんと縁が深いシンタローを呼んで、ホンマに良かったよ。

しかもたまにシンタローの背中が達っつぁんに見えて、胸が熱くなんねん。

反射炉のせいで熱いんやないよ』

そう、森本兄弟は元メンバー・山口達也と成海璃子がW主演した連ドラ『受験の神様』で、山口扮する梅沢勇の友人、西園寺家の二人息子を演じ、勇の息子・広と共に成海璃子が扮する最強かつ最凶の家庭教師の生徒になったのだ。

『俺はジャニーズJr.に入って2年目。
子役もやってたから現場には慣れていたけど、とにかく山口さんが優しくて、
いろいろと子役みんなの世話を焼いてくれたのをハッキリと覚えてます。
だって当時、他のドラマの主役の人は子役に優しくなかったから(苦笑)』

山口がTOKIOを脱退したのは、彼らが25周年を迎える前年の2018年。

あれから音楽活動を一切行っていないTOKIOは、TV界では「嵐が活動を休止した後、ジャニーズ事務所内の動揺が収まったタイミングで解散へ。それが現役長男グループの最後のご奉公」

——と、まことしやかに囁かれている。

そして『鉄腕DASH』の枠をSixTONESが継承する——と。

『いやいやいや、俺がエゴサしてるのは、
〝シンタローに新レギュラーが来る〜〜〟的な噂なだけで、
TOKIOさんの後をSixTONESが引き継ぐのは無理だからね！
というか俺は、城島リーダーや太一くん、松岡くん、長瀬くんからいろんなノウハウを盗みたい
……じゃなかった、伝授してもらいたいだけだから！』

果たして『鉄腕DASH』の行方や如何に？

とりあえず次は久々、ソーラーカーの復活を見てみたい。

もちろん〝リーダーwithシンタロー〟コンビで。

TOKIOの代名詞『鉄腕DASH』は、SixTONESが継承するのだろうか――。

それはシンタローの活躍にかかっているかもしれない。

SixTONES
×
Snow Man
go for the TOP!

2nd Chapter

Snow Man

go for the TOP !

岩本照

デビュー直前に見た夢

『自分の人生が〝走馬灯〟のように見えるって、
あまり良い現象じゃないというか、明らかに不吉ですよね。
だってその例えって、だいたい〝死の間際〟的な使い方だし……。
でも俺、その走馬灯を見ちゃったんですよ。
それもデビューする直前で、マジに「どうしよう」ってビビった（苦笑）。
だけどポジティブに、
「それは古い自分から新しい自分に生まれ変わるためなんだ！」
――って捉えて、気にしないことにしたんです。
初夢みたいなものと思って』

岩本照によると、それは今年の1月、CDデビュー直前に見た〝夢〟の話らしい。

「岩本くんはこれまで〝自分の未来〟についての夢は数え切れないほど見ていても、〝過去の夢〟……それもすべて〝実話〟の夢を見たことがなかったそうです。それなのにジャニーズJr.に入ってから昨年の東京ドームコンサートまで、ダイジェストとはいえ〝自分の道程を辿るような夢〟を見た。奇妙に感じて当然でしょう」

フジテレビ『7G』担当ディレクター氏は、こう言って岩本から聞いた話を代弁する。

なるほど、確かにこれからデビューを控える岩本にしてみれば、自分の半生を再生するかのような夢を見ても、あまり気持ちの良いものではないだろう。

「その話をメンバーにしたところ、深澤くんや宮舘くんが『**走馬灯じゃね? 縁起悪い**』と言い始め、Snow Manの頭脳でもある阿部くんが『**何らかのお告げと考えることも出来る**』などと煽るので、岩本くん自身も『**やめて! マジに気味悪いから**』――と気にし始めたようです」(『7G』担当ディレクター氏)

もともと走馬灯とは、灯籠に火を点すと影絵が回転して写るように細工された夏の風物詩。

ぐるぐると影絵が回る様を〝記憶が蘇る、思い起こされる〟ことを例えた言葉に過ぎない。

もちろん岩本が見た夢は、〝自分の半生の記憶が蘇る〟走馬灯とは、まったく性質が違うものだろう。

「〝自分はSnow Manのリーダーで、前を向いてポジティブにメンバーを引っ張らなければならないのに、なぜ後ろ向きな過去が蘇ったのか？〟……そのメカニズムを解明することなんて出来ませんが、岩本くんは『二度と過去なんか思い出したくないから』――と、場合によっては思い出の写真や台本なども処分しようとまでしていました。『（過去の夢を）見なくなるなら処分する』――と言って」

（同ディレクター氏）

何もそこまで気にする必要もないだろう。

……というか、子供の頃の写真を処分するなど、絶対にあってはならない。

だってそのうちバラエティ番組からオファーが来て、〝昔の笑える写真〟をバンバン提供しなければならなくなるのだから。

しかしこれも岩本がSnow Manに懸けているがゆえ。

そこまでSnow Manに懸ける強い想いがあるなら、もう過去の夢など見なくなるだろう。

これからは〝輝ける未来〟の夢を見るのだから。

〝SASUKE完全制覇〟の野望

『リアルに日本からアジア、アジアから世界に飛び出していきたいし、
俺にはリーダーとしてみんなを引っ張る、
ファンのみんなに夢を見させる責任がある。
だからそんな〝大義〟の前には、
自分だけの〝ささやかな目標〟なんてどうでもいい……ハズなんだけど、
どうしても諦められないんだよね。
〝SASUKE〟の完全制覇だけはさ（笑）』

「実は岩本くんに〝脱ぎ仕事〟が多いのは、本人の希望や女性誌側からのオファーではなく、滝沢ジャニーズ事務所副社長の売り込みの結果なんです。こう言っちゃ何ですけど、いまだに読者人気の高い〝ジャニーズマッチョ〟は、断トツで山ピーですから」

主に女性誌からアイドル誌まで幅広く手掛ける某出版社の敏腕編集者は、ジャニーズアイドルが半裸になって筋肉美を披露することについて、「昔は誰でも喜ばれましたが、今はジャニーズ以外でも〝脱がせたい〟若手俳優が増えている分、一般読者の目も肥えている」と内情を明かしてくれた。

「山ピーが脱ぐと売り上げが3割はアップしますし、若手ではキンプリの平野（紫耀）くんと永瀬（廉）くんがそれに続く存在。彼ら以外となると、正直なところ先ほどもお話ししたように旬の若手俳優の人気が高い。最近はアクションが出来なければオーディションに通らないことも多いので、ほとんどの若手はジム通いで鍛えていますから」（敏腕編集者氏）

そんな環境で山下智久に続くジャニーズマッチョとして岩本照を売り出すのは、さしもの滝沢秀明といえども100％思い通りには運ばなかったようだ。

「ただし岩本くんはTBSの『SASUKE』に出演歴があるので、編集者サイドからはそれをセールスポイントにするように〝逆オファー〟があったそうです。滝沢副社長自身は、ケガの心配をして『SASUKE』参戦には消極的だったらしいので……」（同編集者氏）

過去、5回に渡ってTBS系『SASUKE』に出演し、4回目のチャレンジとなった2018年大晦日には、〝あと1秒あれば完全制覇を達成出来たのでは?〟と誰もが思った岩本の挑戦。

しかし昨年大晦日の5回目については、Snow Manのデビューが決まったことで、すぐに滝沢副社長から「今年は出さないからな」と厳命されていたというではないか。

「そんな中で滝沢副社長から岩本くんの〝脱ぎ企画〟が持ち込まれたので、滝沢副社長と直接交渉が出来る幹部クラスが〝デビューしても『SASUKE』を続けるなら〟と、逆オファーを仕掛けたと聞いています」(同氏)

岩本にとって、これほど嬉しいことはない。

冒頭のセリフのようにヤル気満々で、早くも今年の大晦日の放送に向け、「弱点をとことん鍛える」トレーニングに励んでいるという。

『完全制覇するまではやめられない』

強い気持ちと共に——。

〝デビューの重み〟と決意

『デビューが決まってからデビュー日までの5ヶ月ちょっとで気づいたのは、
俺やSnow Manが周囲の方々に〝どれだけ支えられていたか〟ってことを、
そんな皆さんの笑顔や喜びで知れたことでした。
当事者である俺たち以上に笑い、泣き、感情を露にしてくれる。
その姿に改めて励まされた俺たちは、
たとえ少しずつでも仕事で恩返ししていかなければならない。
素直にそう思えるのも、今ひしひしとデビューの重みを感じているからです』

本書エピローグでも触れているが、3月30日未明、Ｓｎｏｗ Ｍａｎのリーダー岩本照に下されたのは、一定期間の活動自粛処分だった。

ジャニーズ事務所に所属する者に求められる社会人としての自覚と責任は、たとえ過去に遡っても厳格に求められる。

その姿勢を内外に示し、同時に「滝沢秀明体制は甘くない」ことを知らしめたのだ。

「実は2月の下旬に岩本くんと食事に行ったんです。それこそ1年ぶりぐらいに。本来ならデビューツアーとアジアツアーに向けてリハーサルも本格的な詰めに入る頃ですが、ご承知の通りＳｎｏｗ Ｍａｎに限らず、ジャニーズのコンサートやイベントがすべて中止や延期になってしまった。岩本くんが番組収録終わりで連絡をくれたのも、彼自身、〝自分たちの先行きに不安を感じているのかな?〟……と、その時は思いました」

後に活動自粛処分を受けるなどと想像もしなかった2月下旬、多くのジャニーズアイドルたちから信頼を集めるテレビ朝日プロデューサー氏は、岩本からの連絡にそんな〝不安〟を感じたという。

「華々しくデビューして、それまでの活動や生活が180度変わる先輩たちを見てきた岩本くんは『自分たちもそうなるに違いない、一気に忙しくなるに違いない』――とワクワクしていたと思います。ところが新型コロナウィルスの流行が始まり、ジャニーズ事務所もその直撃を受けてしまった。自分たちの力ではどうしようも出来ない状況を前に、ある意味では〝無力感〟に苛まれた岩本くんが、僕に精神的な助けを求めてきたのかもしれない……そう思いました」（テレビ朝日プロデューサー氏）

しかしプロデューサー氏が岩本と待ち合わせた店に向かうと、そこには不安などネガティブな要素をまったく感じさせない、むしろ充実感をみなぎらせた岩本がいるではないか。

「驚きました。失礼ながらそれまで彼には爽やかな印象を持っていなかったのですが、まるで心地良く吹き抜ける風のような、そんな笑顔を見せてくれたからです」（同プロデューサー氏）

落ち込んでいるかと思いきや、そこには「（全然元気じゃん）」と拍子抜けするほど明るい岩本がいたという。

すると岩本は、目の前のスケジュールが次から次に変更、あるいは中止されていくことに『マジに残念です』と言いながらも――

『でも自分自身と向き合う時間が増えたことは、個人的には〝不幸中の幸い〟だと感じてます』

――と、意外な想いを語り出したという。

そう、冒頭の言葉のように――。

『デビューが決まってからデビュー日までの5ヶ月ちょっとで気づいたのは、
俺やSnow Manが周囲の方々に〝どれだけ支えられていたか〟ってことを、
そんな皆さんの笑顔や喜びで知れたことでした。
当事者である俺たち以上に笑い、泣き、感情を露にしてくれる。
その姿に改めて励まされた俺たちは、たとえ少しずつでも仕事で恩返ししていかなければならない。
素直にそう思えるのも、今ひしひしとデビューの重みを感じているからです』

〝デビューの重み〟――それは自分たちの活動にたくさんの方々、ファンの皆さんの〝夢〟や〝希望〟が乗っかっていることを、改めて自覚したことで気づいた責任だった。

『Snow Manは一つの船で、
その船に数え切れないほどたくさんの夢や希望を乗せ、大海に船出する。
メンバー全員で力を合わせて舵を操り、難破しないように進む。
俺たちがどこに向かうかによって、たくさんの夢や希望の〝未来〟も決まる――。
今はコロナウィルスの影響で多くの我慢が必要ですけど、気持ちだけは絶対に切らさないし、
何ならもっと強くなってますよ』

この日、岩本が語った言葉の中で、プロデューサー氏が「最も印象的だった」のがこれだ。

きっと今、皆さんも同じ想いを共有したかもしれない。

岩本照は一回りも二回りも精神的に成長し、私たちの前に帰ってきてくれるに違いないと。

私たちの夢や希望を、絶対に難破させることなどないと――。

深澤辰哉

〝アクロバット〟への強いこだわり

『俺ももうすぐ（5月5日）28才だし、
夏にはジャニーズに入ってから16年になるわけですよ。
それでも若いJr.には絶対にアクロバットで負けたくないし、負けは認めない。
30才になろうが40才になろうがビュンビュン跳んでいたいから、
最近は体の仕組みや組成の勉強を始めてます』

深澤辰哉には絶対に曲げたくない信念がある。

それがこのセリフにもあるように〝身体が動かなくなるまでアクロバットをやり続ける〟ことだ。

「それはジャニーズの真髄である〝Ｓｎｏｗ ｍｕｓｔ ｇｏ ｏｎ〟の精神で、まだまだ身体が動くのに〝もう年だから〟〝若い頃に出来たことが出来なくなったから〟などの理由でアクロバットをやらなくなることは、深澤くんにとっては〝職場放棄して逃げ出すことに等しい〟からだそうです」

深澤とは10年以上のつき合いになるテレビ朝日ディレクター氏は、

「Ｓｎｏｗ Ｍａｎがデビューする前から同じことを話していて、つい最近もまた言われた」

――と苦笑いを浮かべる。

「僕らの間では深澤くんがアクロバットの話を始めると〝酔っている証拠〟なんて言ってますが（苦笑）、でも彼の気持ちは真っ直ぐでずっとブレない。そして『**いつか日本一のアクロバットだと認められたい**』――という気持ちもそのままです」（テレビ朝日ディレクター氏）

もともとは堂本光一の影響で〝一つのことをやり続ける、一つの道を極める〟大切さを知ったという深澤。

『僕も光一くんの『Endless SHOCK』に匹敵する作品が欲しい。
でもそのためには、もっともっとアクロバットを磨かなければ』

――と、本音も明かしていたそうだ。

「深澤くんは自分の想いや感情を表に出して表現することが苦手なので、誤解を受けることも多々あります。でも中身は誰よりもアツく、誰よりも生真面目であることを知ってもらいたい。彼には『Snow Manはアクロバットアーティスト』――という信念があり、僕らが〝デビュー出来たんだからもう少し気楽に考えなよ〟と言うと、『デビューしたからこそ、これからが大切なんじゃないですか』――とムキになるほど、アクロバットにこだわりを持っています」（同ディレクター氏）

深澤の真面目さ、自分の信念に一本木な性格は、ディレクター氏のようにTV界に〝味方〟を作る。

そして彼らは声を揃えて、こんなセリフを口をする――

「還暦（60才）でもアクロバットを決める深澤辰哉を見てみたい」

――と。

滝沢秀明からの厚い信頼

『デビューしてから滝沢くんとの関係性が少し変わって、
それは事務所の偉い人と一《いち》タレントっていう立場の話じゃなく、
Jr.の頃は指示通りに動けば良かったけど、
今はそれにプラスして〝自分たちで考える、自分たちの意見を出す〟
――それが最低限の責任になっていますね』

滝沢秀明がタレントを引退して「裏方に回る」と表明した時、大多数のＴＶマンは一抹の不安を覚えざるを得なかった。

それはこの深澤辰哉のセリフに集約されているように、昨日までは〝先輩後輩〟の関係だった両者が、今日からは〝上司と部下〟へと強制的に移行するからだ。

果たしてジャニーズ事務所の人間関係はどうなるのか、誰もが注目し、成り行きを見守っていた。

「結論から言うと、何も変わりませんでした。ジャニーズJr.は相変わらず〝滝沢くん〟と呼び、先輩たちは〝滝沢〟と呼び捨てのまま。ジャニーズの上下関係は事務所内における地位が決めるものではなく、〝入った者順〟が変わることはありませんでした」（フジテレビ関係者）

だからこそタレントたち、それも〝先輩〟としての滝沢から指導を受けていた者たちは、深澤の言う〝自分たちで考える、自分たちの意見を出す――それが最低限の責任〟であることを自覚しないと、言葉は悪いが「いつ見切りをつけられてもおかしくない」状況に置かれていると言っても過言ではない。

実際、滝沢がジャニーズアイランドの社長を兼務してジャニーズ事務所副社長というNo．３の地位に就いて以降、スキャンダルや不祥事に対するペナルティは〝ジャニーズ史上最も厳しい〟のだから。

「庇うつもりはありませんが、今回の岩本照くんの処分についても、2年前までは〝過去のこと〟〝本人は反省している〟の二言で済まされたに違いありません。しかしながら、いくら自分の直系の後輩でも、一度許してしまえば他も罰せられなくなっていたでしょう」（同フジテレビ関係者氏）

そんな滝沢が深澤に寄せる信頼は、ことのほか厚い。

厚いからこそ岩本の代わりに頭を下げさせ、あの場を収めたのだ（『CDTVライブ！ライブ！』において）。

その意味では、Snow Manの行く末は、深澤の双肩にかかっているといってもいいのかもしれない。

深澤辰哉なら大丈夫だ！

必ずや、滝沢の信頼に応えてSnow Manを引っ張っていってくれるに違いないのだから。

〝継続は力〟への開き直り

『たまにギョーカイの人に、
「深澤くんは〝継続は力〟を証明した人」的な言われ方をするんですけど、
正直に言ってあまり嬉しくなくて、
むしろその時の状況、面と向かった時の相手の表情とかによっては、
カチンと来ることのほうが多いんですよね。
しかもその後は逆に「まだまだ俺、お子ちゃまだな～」……って、
自己嫌悪に陥るんで、余計に嫌なんです。
16年この世界にいてもそれじゃあ、何年いれば達観出来るんだろう（苦笑）』

とはいえ、深澤辰哉が「継続は力」の人なのは間違いないし、本人も『この場所で続けることが大切』と、継続の必要性を語っている。

では何がそこまで気に入らないのかというと、最近のギョーカイ人は16年ジャニーズJr.を続けてCDデビューを果たした〝その結果〟だけを見て、

「そんなに長くいたんですか。石の上にも三年の5倍ですもんね。まさしく〝継続は力〟だ」

——などと、一方的に決めつけるからだ。

深澤の〝継続〟はCDデビューするためだけのものではないし、仮にCDデビューするために頑張ってきたとしても、何度も挫折して諦めかけた〝過程〟も含め、彼という男を見なければならないのだ。

『だいたいのギョーカイの方って、プロフィールの資料、その中にある俺の年令やジャニーズJr.歴の数字だけを見て、わかったような上から目線で来る人が多くて。

「大変だったでしょ?」とか言われても、

〝(アンタに何が大変かわかんのかよ)〟……としか思わなくなってきたんです(苦笑)』

――その言動、微妙に〝ブラック深澤〟が顔を覗かせていないか（笑）？

『でも〝数字だけを見て人生を勝手に推測される〟被害者は他にもたくさんいる。
たとえば劇団出身の役者さんとかも、すぐに「苦労してきたんですね」って言われるらしくて、
それは違うよと。
俺が去年のドラマで共演させてもらった池田鉄洋さんも、
「こっちは好きでやってんだから、苦労しようがしまいが関係ないじゃん！」――って、
怒ってましたよ（苦笑）』

昨年10月から11月にかけてWOWOWでオンエアされた『悪の波動 殺人分析班スピンオフ』。
深澤は池田が演じる神奈川県警捜査一課の刑事・井口智一とペアを組む、後輩刑事・矢島啓介を演じた。

『池田さんも1992年から劇団に所属されていて、

役者として食えるようになったのが「2004年とか2005年頃からかな～」って仰るから、

「俺がジャニーズJr.に入ったのも2004年です！」って言ったら盛り上がって。

転機や節目が同じ頃だと、歩いてきた道や経験がまるで違っても、何か同志や仲間的な感覚になる。

全然年上の池田さん（※1970年生）には失礼かもしれないけど』

そう言って気にする深澤に池田は――

『演劇は板の上（※ステージ）に立ったら年令なんて関係ない。

〝良い芝居をするか、そうじゃないか〟の2種類しかいない。

深澤くんも俺に対して、年上とか芸能界の先輩とか、そんなどうでもいいことは気にしないで』

――と、笑顔で語ってくれた。

『嬉しかった。
俺も『トリック』の秋葉刑事役とか、昔からめちゃめちゃたくさん池田さんの芝居を見てきたから。
ジャニーズの先輩方とも共演してるし、だからっていうわけじゃないけど、
すごくありがたいアドバイスをもらえた気がするんですよね』

その池田にもらったアドバイスというのが――

『マスコミは〝苦節何年〟とかのフレーズが好きなだけで、その何年間の仕事ぶりには興味がない。
俺は〝マスコミってそういうもんだから〟……と割り切っちゃってるから気にならないし、
むしろサービスで下積み期間を上乗せしてるもの（笑）』

その言葉を聞いた深澤は――

『俺もどうでもよくなってきた』

――と、明かす。

『デビューする頃には〝Snow Manは苦労人グループ〟の扱いになっていたし、最近は池田さんを見習って、Jr.時代を水増しする〝逆サバ読み〟もOKになってきました。一旦、開き直ってみると、悩んだりイライラしたりした日が〝もったいない〟と思えます』

開き直った深澤が、これからSnow Manとしてどれだけパワー全開にして弾けてくれるのか、大いに楽しみだ。

ラウール

〝滝沢プロデュース〟の象徴

『Snow Manでデビューすることが決まって、
それから何ヵ月か間があったじゃないですか?
次から次へデビューに向けてのプロジェクトが進む中、
俺はいつも「この瞬間を最高に楽しみたい!」——って考えて、
全力で取り組んだつもり。
だってどれ一つとして、二度とは体験出来ないことだから』

ラウールは「幸せ者だ」とメンバーは言う。
特に旧Ｓｎｏｗ Ｍａｎの5人と関西Jr.歴の長い向井康二は――

『ラウールのせいではないけど、
俺たちに比べたらデビューするまでの期間が10年以上も短い。
しかもまだ16才で、
〝将来自分はどうなるんだろう〟
……みたいな不安を感じなかったことが一番幸せ』

――と口を揃える。

そして――

『〝デビュー出来るかどうか〟病まなかったのが羨ましい』

――と。

『ダンスはずっとやってきたけど、それはジャニーズやアイドルのダンスじゃなかったし、最初の頃は「俺はどっち（のダンス）をやりたいのか……」で迷ったことはあったよ。少年忍者に入って、面白さがわかり始めた頃にSnow Manになったから』〈ラウール〉

確かに旧Snow Manメンバーとは、デビューまでの道のりが違う。
2015年のゴールデンウィークにジャニーズJr.入りし、3年後の夏にはCDデビューが発表されたのだから。

「とはいえ、かつての岡田（准一）くんや手越（祐也）くん、松島（聡）くんのように、Jr.入りして1年未満でデビューグループに抜擢されたほどのサプライズではありませんし、もし滝沢くんがタレントを引退してジャニーズアイランドの社長にならなければ、今もJr.のままだった可能性が高い。ラウールくんは亡くなったジャニー喜多川さんではなく、滝沢くんのお気に入りなのは明らかですから」（アイドル月刊誌デスク）

それではなぜ、滝沢はラウールに目をかけ、育てようと考えたのだろうか。
実はその答えは、冒頭のラウールのセリフが物語っていた。
そう、彼は真っ白で何事にも感動し、素直に受け入れる性格だったからだ。

「滝沢くんがジャニーズアイランド社長になった時点で、有力なデビュー候補は何組もいました。すでにスタイルが決まっている彼らを送り出すだけではなく、プロデューサーとしての手腕を発揮したい。それには確かな実力を持つ旧Ｓｎｏｗ Ｍａｎに、彼らにはない魅力を持つメンバーを融合させること。この先、滝沢くんが〝０から作り上げたグループ〟が登場するまでは、Ｓｎｏｗ Ｍａｎ、いやラウールくんこそがその象徴になるでしょう」（同デスク氏）

これからラウールが、そしてＳｎｏｗ Ｍａｎがどう成長していくのか――。

〝滝沢プロデュースの象徴〟の活躍する姿を期待して見守ろうではないか。

〝タメ〟でのつき合い

『最近、会う人みんなに「大人になった」「色気が出てきた」とか言われるんだけど、
そんな何日間かで大人になるわけないし、
別にめちゃめちゃ色気が欲しいとも思ってないからね（苦笑）。
俺は俺のペースで、
「カッコよく大人に近づければいいな～」とは感じてるけどさ』

リーダーの岩本照に言わせると——

『俺たちみんな、ラウールとは〝ダメ〟のつもりでつき合ってるからじゃないかな』

——とのこと。

最年少だからと特別な扱いはせず、かといって後から加入したことやジャニーズJr.歴が短いことで後輩扱いもしないと決めていたそうだ。

『前に岩本くんに——

「このグループでCDデビューするからこそ、ジャニーズ歴がどうこうとか考えず、みんな同期としてスタートしようぜ」

——と言ってもらえて、めちゃめちゃテンションが上がりました。
きっと、そうして対等扱いしてもらえているからこそ、
自分の行動や考え方も〝大人〟になっているんじゃないかと思う』

——ラウール自身もそう感じている。

そんなラウールがCDデビュー直後、グループからただ一人だけ大抜擢されたのが、ジョニー・デップやアンジェリーナ・ジョリーなど世界的な大スターしか起用しないことで知られる〝クリスチャン・ディオールとのコラボレーションCM〟だった。

「コラボといっても出演するのはラウールくんのみ。それが驚くほど色っぽいのは事実ゆえ、見た人の反応も冒頭のセリフにある通りなのでしょう」（大手広告代理店宣伝マン）

さらにこのCMでも、ラウールは——

『俺から見て、いつも〝さりげなく色っぽい〟のは（目黒）蓮。
だから蓮の仕草は参考にさせてもらってる。
でもあまりそういうことを言うと、
本人が調子に乗っちゃうから面と向かっては言わない（苦笑）』

こうしてラウールの口からメンバーの名前が出れば出るほど、それは彼がSnow Manの一員として馴染み、メンバーの一人として調和が取れている証拠なのだ。

〝世界的なアーティスト〟への階段

『ファンの人なら知ってくれてるとは思うけど、
俺は10年以内に必ず世界的なアーティストになる。
「なりたい」とか「なってみせる」じゃなく――「なる」。
でもそれが今、いろいろと叩かれて辛いんだ』

威勢の良い、いつものラウール節で始まったと思いきや、こんなラウールは見たことがない〝落ち込み〟ぶり。

一体、何があったというのだろうか。

『あのさ、デビューしてから俺、雑誌とかのインタビューでずっと――

「将来は世界的なアーティストになる」

――って言い続けてきたの、知ってます？

最初の頃はそれについて誰も何も言わなかったし、

別に調子に乗っていたつもりもないんだけど、

俺は本気で〝世界的なアーティストになること〟しか考えてないんですよ』

――わかる。ラウールはいつだって本気の本音だから。

『そうしたら最近、いろんなことが中止になったけど、
逆にファンのみんなに愛を届けるために、動画配信とか頑張ってるじゃないですか、ジャニーズは。
それで俺も「何かやりたいな〜」って事務所で打ち合わせをしていたら、
終わって帰る時に仲の良いJr.に会ったんです。
ちょっと誰かは言えないんですけど』

――どうやらそのJr.が、このエピソードのキーパーソンらしい。

『「ラウールちょっと……」って呼ぶから「どうしたの？」って聞いたの。
そしたら俺の発言のせいで、
「ラウール許さねぇ！」――って怒ってるJr.が何人もいるらしくて。
もうマジ、ワケがわからなくてパニックですよ』

話を整理すると、ラウールが様々なインタビュー記事で「世界的なアーティストになる」と答えているることに対し、ラウールの先輩Jr.のごく一部が——

『デカい口、叩きすぎじゃね?』
『滝沢くんに可愛がられているからって、言いたい放題じゃん』

……などと騒ぎ出し、さらには、

『こっち（の記事）には〝10年後〟とか、具体的に書いてあるんだけど』
『つまりアイツ、〝10年後にはSnow Manにはいない〟宣言じゃん!』

——と、会話は過激にエスカレート。
遂には「アイツ、締めるしかないだろ」とまで言い出すJr.も現れたそうだ。

『俺と仲良いJr.が、それを本人たちから聞いて、

「何かが起こるわけじゃないと思うけど、取材には少し控え目に答えたほうがいいよ」

――と教えてくれたんです。

いやこれ、〝ちょっと待たんかい！〟って話ですやん』

どうやら向井康二から変な関西弁を教え込まれているようだが（苦笑）、ハッキリ言って単なるイチャモン。ラウールには1ミクロンたりとも非はない。

おそらくは彼に対するジェラシーが、誤った方向へと燃え広がっているようだ。


『やっぱり？ 俺は悪くないよね！

教えてくれたJr.もそう言ってたけど、

「理屈が通用するヤツは最初からこんなこと言わない。

そのうち忘れるだろうけど、今は目立たないようにしておけよ」

――とアドバイスしてくれました』

それにしても幼稚な話だが、なぜラウールが陰でこんなことを言われるのかというと、それは先輩Jr.たちがみんな、心の底ではラウールの才能を認めているからだ。

しかしアッサリと追い越されたことは認めたくない。

なぜならば「自分はラウールよりもJr.としての実績があるし、才能だって決して負けていないから」

——そう、こんな風に考えている先輩Jr.たちは、ラウールの足元にも及ばない現実から逃避しているだけ。

そうやって陰でイチャモンでもつけないと、単純にストレスが解消しないのだ。

『う～ん……何となく理解したかも。

要するに俺は俺のまま、世界的なアーティストになるために頑張ればいいってことだね!』

余計なことを考えると、ラウールの魅力が半減する。

誰にも文句を言わせないためにも、君は君のままでいればいい。

そして〝世界的なアーティスト〟への階段を、着実に一段ずつ上っていけばいい——。

渡辺翔太

Snow Manを引っ張る〝社交性オバケ〟

『何か俺って先輩のお母さん方にめちゃめちゃモテて、
よく先輩の家に呼ばれてお母さんの手料理をご馳走になるんですよ。
その時に「渡辺くんは本当に美味しそうに食べてくれるから」と言われて、
リアルに旨いモンは〝旨い〟って顔に出るだけなのにな〜って、
いつも不思議な気持ちになるんですよね』

渡辺翔太はSnow Manのメンバーの中で、以前から〝最も社交性が高い〟ことで知られている。

長年、ジャニーズJr.の番組を担当しているテレビ朝日のプロデューサーは、

「そもそもSnow Man自体の社交性が低いから目立つ面もあるんだけど」

――と笑いながら、渡辺のエピソードを話してくれた。

「3年ぐらい前の『サマステ』だったかな。終演後の楽屋で渡辺くんがお母さんらしき女性と親しげに話していたから、通りすがりに会釈を交わし、〝息子さん頑張ってますよ〟と声をかけたんです。すると2人がいきなり大笑いして、『**違いますよ！ ○○のお母さんですから**』――と言うじゃありませんか。結構前の話なので誰のお母さんかは忘れてしまいましたが、あれは誰がどう見ても〝親子の空気感〟ですよ（笑）」（テレビ朝日プロデューサー氏）

さらに渡辺は、ある先輩の母親とも〝ただならぬ関係〟との噂も?

「Kis-My-Ft2の千賀健永くんのお母さんからは、よく〝晩ごはん食べにいらっしゃい〟の連絡が入るそうです。それも千賀くんが自宅にいようがいまいが関係なく。さすがにリーダーの岩本くんは『**千賀くんがいない時はやめておけよ。先輩に失礼だから**』と注意するそうですが、しかし『**空いてるのに断ると千賀くんのお母さんが怒るんだもん**』――と、渡辺くんは板挟みになることもしばしばだとか」（同プロデューサー氏）

ただしプロデューサー氏は「グループが大きくなるためには、渡辺くんのような社交性オバケがいたほうがいい」と、彼の能力を評価する。

「ある程度まで売れて軌道に乗るまでは、渡辺くんのように全方位から好かれ、人気があるメンバーが必要だからです。そのメンバーが斬り込み隊長として芸能界やギョーカイにコネクションを広げていくことで、グループもまた売れて大きくなる。特にＳｎｏｗ Ｍａｎのように、センターのラウールくんを〝神秘的な美少年〟として売り出していくのであれば、余計にその裏で社交性を武器に名を広めるメンバーがいて欲しい。適材適所にガッツリとハマるメンバーがいないと、なかなか上を目指すのは難しいですからね」（同氏）

お墨付きをもらえたのだ。

これからは渡辺も遠慮せずに思う存分、その社交性を発揮して頂くとしよう。

『それスノ』で全力疾走

『自分が27才になってからデビューしたせいか、
「フレッシュに全力で突っ走ります！」っていう気持ちよりも、
「アラサーに向けてお洒落なライフスタイルを築いていきたい」気持ちが、
強いですね。
ほら、ウチには俺と同い年でアニメガチヲタ勢がいるから、それの正反対で（笑）』

「渡辺くんは『全力疾走は10代のラウールだけで十分。俺はノンビリとやらせてもらう』――などと言ってましたが、初回ロケから全力疾走でしたよ（笑）」

Snow Manにとって初めての〝冠配信番組〟が、TBS系の動画配信サービス『Paravi』でスタートした。

その初回ロケの様子を番組スタッフ氏が明かしてくれた。

「日テレはhulu、フジテレビはFODで先行していた動画配信サービスですが、この4月からはTBSもParaviを強化し、いよいよ本気で取り組み始めるそうです。その目玉コンテンツの一つが『それSnow Manにやらせて下さい』で、3月25日に放送された地上波バージョンでは、〝一番おいしい水はどれか〟を5チームに分かれて調査。渡辺くんは幼馴染みでもある宮舘くんと中部ブロックに飛び、新たな〝ストーン渡辺〟のキャラクターまで手に入れましたからね」

ロケに向かう途中、やや斜に構えた渡辺が発したのが冒頭のセリフだったという。

しかしいざロケがスタートすると、宮舘涼太が「幼稚園から一緒なのに初めて知った」石マニアの一面までさらけ出し、ハイテンションで盛り上がった渡辺。

まさか〝ストーン渡辺〟こそが「お洒落なライフスタイル」の一つ？

「Paraviでは4月24日から毎週金曜日に新作がレギュラー配信されますが、すでに〝地上波でもオンエアして!〟〝それがダメならBS TBSか、CS放送のTBSチャンネルで!〟のリクエストが山ほど届いています。それを聞いた渡辺くんは『**だから俺が言ったじゃん!〝それスノ〟は面白くなるよ〟って**』――と、番組にのめり込んでくれています」（番組スタッフ氏）

渡辺は番組スタッフに――

『**自分たちで内容を考えないと、俺たちはタイトル負けしちゃいますね**』

――と申し出て、誰よりも企画ネタを持ち込んでくれたとか。

27才? アラサー?

そんなこと言ってる場合じゃない。

これからタレントとして、最も脂の乗るシーズンだよ。

四千頭身・後藤との〝リアルな関係〟は？

『いつも『7G』に出るたびに後藤（拓実）くんとの絡みが難しくて、公私のケジメというか、その線引きが悩みの種なんですよ（苦笑）』

共通の友人の紹介で知り合い、定期的に食事会を開く関係というのが、渡辺翔太と四千頭身・後藤拓実だ。

現在、『7G』にレギュラー出演中の両者だが、あえてその関係性を逆手に取り、番組上では「ほとんど絡まないようにしている」とも。

『別に俺たちは普通にしていても構わないけど、ディレクターさんの趣味によって、どんな編集をされるのかわからないからね。基本的には〝Snow Man VS 第七世代〟がコンセプトなのに、戦う相手同士がプライベートでは仲良く食事会を開くっていうのも、見る人によっては白けさせてしまう。俺たちはプロ、番組を楽しく盛り上げるのが仕事だもん』

渡辺と後藤の関係性がフィーチャーされたからといって、それが番組にそれほどの悪影響を及ぼすとは思えない。

なぜ2人がそこまで気にするのかは、どうやら後藤のほうに理由があるらしい。

『四千頭身ってファンサがめちゃめちゃスゴいの知ってる?
ライブが終わった後、出待ちファンの全員と写メを撮ったり話し込んだりして、
それがライブの時間よりも長いらしいよ』

たとえば収容出来るお客さんの数が200人以下のような小劇場でも、2時間の単独ライブの後、3時間のファンサを行うのも珍しくないのだとか。

一方、ジャニーズは出待ちファンに対するファンサの文化はないし、そもそも出待ちが禁止だ。

大胆な企画やアイデアを次々と出してくる滝沢くんでも、出待ちファンサは端から対象外だろう。

『そこでときどき、俺との関係についてツッコまれるらしいよ。
〝どんな所に食事に行くのか〟を聞かれたり、〝俺を悪の道に引きずり込まないで欲しい〟とか(苦笑)。
そんなの彼も適当に返せばいいのに、いつも真剣に受け答えしているって、
同じ四千頭身の石橋(遼大)くんが言ってました。
後藤くんはかなり掴み所がないタイプに見えるけど、
実際はいつもお笑いのことばかり考えている真面目な人だから』

なるほど、だから渡辺とはウマが合ったのか。

『俺はいつもファンのみんなを楽しませることについては、リアルに真面目でありたいと思ってます。
だって失礼じゃないですか?
一生懸命に頑張ってチケットを取ってくれて、わざわざ俺たちのライブを見にきてくれるんだもん。
家から会場までは「どんなライブになるんだろう」とワクワクさせたいし、
コンサートが始まると最高のパフォーマンスでおもてなし、
余韻に浸りながら、心も体もライブを目一杯楽しんで家に帰ってもらう。
それが出来ないならライブをやる資格はないし、
俺たちはそのためにアイデアを捻り、アクロバットに磨きをかけてきたんだから』

ライブに懸ける想いを熱い言葉で語った渡辺。
この真面目さ、そしてライブに対する熱い想いがあるからこそ、Ｓｎｏｗ Ｍａｎのパフォーマンスからは一瞬たりとも目が離せないのだ。

向井康二

Snow Manでデビューして〝一番変わった〟こと

『大阪からこっち（東京）に来て、デビューして一番環境が変わったのは、
先輩たちの存在ですね。
実はこの前、めちゃめちゃ勇気を振り絞って、
山下（智久）くんに写真をお願いしたんですけど、
関西には山下くんみたいなキラキラした先輩、いてませんから。
みんなギラギラ、ギトギトで脂っこい（笑）』

「そういえば3~4年前、King & Princeの平野紫耀くんと永瀬廉くんも似たようなことを話していましたね。関西ジャニーズJr.にとってデビュー組の先輩は関ジャニ∞とジャニーズWESTしかいませんし、しかも彼らは地方仕事で拘束でもされていない限り、どれだけ忙しくても必ず週1で関西に戻ってくる。デビューした憧れの先輩というより、いつまで経っても〝近所の優しいお兄ちゃん〟的な感覚なので、近くにいてもまったく緊張しないのでしょう」

TBS『CDTV』番組スタッフ氏は、3月29日に始まった『CDTVライブ!ライブ!』初回出演の打ち合わせの最中、向井康二から――

『東京のテレビ局、めっちゃ怖い。
何気にスタジオらへんを歩いていたら、次から次に有名人に会うじゃないですか?
大阪は時間帯さえ把握していれば、
〝何時にどこの局にハイヒール姉さんがいるから挨拶忘れたらアカンで〟とか、
キッチリとスケジュールが組み立てられるんですよ』

――と、東京の民放キー局がいかに恐怖か……のエピソードを明かされたそうだ。

「なるほど。大阪でレギュラーMCを張れるクラスの芸人には大物が多いので、礼儀には十二分に注意しなきゃいけないんだろうな～と、同情してしまいますよね。その癖がついているせいで、ウチのスタジオなどでいきなり大御所に会うと予想外のパニックに陥るのでしょう」（『CDTV』番組スタッフ氏）

しかも向井によると、ジャニーズの先輩に会っても〝プチパニック〟を起こすらしい。

「彼に言わせると、先輩たちと会うのは先輩のコンサートや舞台の楽屋が嬉しいそうです。それは自分が〝今から○○先輩に会う〟ために訪ねる側なので、心の準備が出来るとのこと。それが不意に、目の前に山下智久くんや亀梨和也くんが前触れもなく現れるのは〝反則〟なのだとか」（同番組スタッフ氏）

確かに山下智久とバッタリ出くわしたら、どんなリアクションを取れば正解なのかが難しい。

「向井くんが山下くんに2ショットをお願いしたら、『**俺なんかとマジに撮りたいの？**』――とニヤニヤされたそうです。〝もっと仲良くなって、いっぱい撮ってもらえますか？〟と声を出そうと思っても、『**ノドの奥カラッカラで何も言えんかった**』――のだとか。彼もああ見えて純情なんですね」（同氏）

向井にはデビューしたての〝今の純情さ〟をいつまでも持ち続けていて欲しいものだ。

それにしても〝ああ見えて〟だけは余計だろ……（笑）。

コンプレックスを〝パーソナリティ〟に

『カミングアウトってほどのことではないけど、
あれはやっぱり『さんま御殿』という、
関西人タレントにしたら最高峰の番組やからこその
〝コンプレックス大開放〟やったワケですよ。
さんま師匠にイジってもらえたら、もうそれ以降、怖いモンは一つもないからね。
これからはコンプレックスを個性、〝俺のパーソナリティ〟やと、
ポジティブに捉えていくよ』

3月24日にオンエアされた日本テレビ系『踊る！さんま御殿!! コンプレックスのある有名人 秘密のお悩みぶっちゃけSP』に出演し、自らの〝鼻〟がコンプレックスであることをカミングアウトした向井康二。

『子供の頃、母親の変顔を真似しているうちに鼻の形が変わり、自分の嫌いな鼻と鼻の穴が出来上がってしまった』

……というのだが、実際には変顔をしたからといって顔の一部分が変形することはないだろう。

あくまでもこれは向井の〝ネタ〟。

そんな向井が『さんま御殿』に出演した直後、興奮した向井から番組の様子を一方的に「しゃべくり倒されました」と言うのは、彼とプライベートでつき合いがある某局ディレクター氏だ。

「話し始めたら止まりませんからね。後で番組を観たら、ずいぶんと落ち着いて見えましたが、実際には『**さんま師匠の番組に出たんやで？ 俺が！**』と興奮しっぱなし。すでにその時点で『**コンプレックス？ 直った直った**』――と言ってましたけど（笑）」（ディレクター氏）

向井が以前から――

『自分の鼻が嫌いやねん。形とかな』

――と口にしていたのは、当然のようにディレクター氏も知っていたという。

「あくまでも僕が身近で感じていた印象ですが、かなり根が深いコンプレックスだと思っていました。ところが開き直って『さんま御殿』に出演してみると、〝どうしてそこまで明るく話せる？ 何があった⁉〟と驚かされるほどの変貌だったのです」（同ディレクター氏）

決定的なのは、冒頭のセリフに含まれる――

『コンプレックスを個性、〝俺のパーソナリティ〟やとポジティブに捉えていく』

――の部分だ。

「さんまさんに『エエやないか。お前の個性や、お前だけのパーソナリティや』――と励まされ、そして『コンプレックスがない人間はつまらんヤツや』――と、声をかけられたといいます。子供の頃からのヒーローが、大人になった向井くんを救ってくれたのです」(同氏)

向井が抱え込んでいた〝根が深いコンプレックス〟を一発で解消してくれた、関西人タレントの最高峰〝さんま師匠〟。

ただし、一つだけ気になるのは……

『コンプレックスがない芸人は売れへんねん』

――のところ。

向井くんって〝アイドル〟だよね(笑)?

〝東京のバラエティ〟に懸ける意気込み

『もちろん東京に来て初めての個人レギュラーやし、
ちょうどCDデビューのタイミングで番組に呼んでもらえたのは、
滝沢くんからの期待とプレッシャーやと思うんで、
「絶対に勝たなアカン！　負けたらアカン！」――って、
心の中で何十回も叫びながら収録に行きましたね』

Ｓｎｏｗ ＭａｎのＣＤデビュー直前の２０２０年1月11日。

向井康二は上京してから初めて、個人仕事でのレギュラー出演という大役を果たした。

番組のタイトルは『芸能人が本気で考えた！ ドッキリＧＰ』。

向井はすでにレギュラー放送されているこの番組に、新人レギュラーとして途中参加することになったのだ。


『ＭＣが東野幸治さんと小池栄子さん。

毎週、レギュラーの〝ドッキリクリエイター〟がスタジオに出演するんですけど、俺はＳｅｘｙ Ｚｏｎｅの菊池風磨くんとコンビで出演してます。

他には恵俊彰さんとか大ベテランの先輩がドッキリクリエイターで出演されてるので、「恵さんはこんな言い回しをしてはるのか」――と、家で見て勉強させて頂いてます』

――と話す向井。

番組のスタジオ収録は昨年の12月に行われ、いきなりドッキリの洗礼を受けたロケは、それ以前に収録されている。

実は当初、向井は——

『〝ドッキリクリエイター〟じゃなくて〝ドッキリプレゼンター〟って聞いてたから、「アカデミー賞で受賞者の名前を読み上げる系の役? ほんなら衣裳はタキシード?」……みたいに想像してた』

——そうだ。

『それがいきなりドッキリをプレゼントもクリエイトもせず、引っ掛かるほうから始まるなんて(苦笑)。ホンマに、「これが東京のバラエティのやり口か!」——って、怒りをぶつけたくなりましたよ。まあ、結果的には好感度爆上げやったんで、掛かった甲斐がありましたけど(笑)』

これまで関西ジャニーズJr.時代には数多くのバラエティ番組に出演し、その腕を磨いてきた向井。『まいど!ジャーニィ~』(BSフジ)や『あほやねん!すきやねん!』シリーズ(NHK大阪)で鍛えたバラエティ能力を全開にする機会にようやく恵まれたのだ。

『正直、東京のスタッフさんをまだ信用出来てないんです（苦笑）。
だって最初っから騙してくるやないですか。
大阪のスタッフさんはある程度お互いに距離感を掴みあったところで、
阿吽の呼吸でムチャぶりを仕掛ける。
後で番組スタッフには「新鮮なリアクションが欲しかった」と謝られましたけど、
そのせいでこっちは東京のロケがトラウマになりそうですよ（苦笑）』

――意外や意外、イメージでは大阪のスタッフのほうがズケズケと領域に踏み込んでくるように思っていたが……どうやらこちらの偏見だったようだ。

『いや、もちろんそういう番組もありましたけど、
俺は丁寧に番組を作るスタッフさんのほうが、どちらかといえばハマるんです。
まだまだ東京のテレビは経験不足なんで、
いつかそういうスタッフさん、番組に巡り会うと期待してます』

そう話す向井。

この番組での経験をSnow Manに持ち帰ることが大事だ。


『実際、何を持って帰れるかは想像つきません。

でも東野幸治さん、小池栄子さんっていうテレビの世界で大活躍されている先輩との仕事は、

「別に本番中だけやないやろ?」——って俺は思うんです。

スタジオ入りして準備して、お2人が楽屋に入ったらご挨拶に伺う。

リハーサルから本番への気持ちの作り方、僕らも含めてその場にいる全員を引っ張る空気の作り方。

そらもう、すべてが勉強になることやし、
必ず〝これはSnow Manにも役立つ。応用して使える〟ことがあるんちゃいますかね』

すでに気持ちは前向きな向井の〝東京のバラエティ〟での活躍を楽しみにしよう。

阿部亮平

〝個人仕事〟で変わった意識

『康二が『ドッキリGP』のレギュラーに決まって嬉しかったのと同時に、
「やっぱり自分もレギュラー番組をたくさん持ちたい」
――っていう欲も出てきて、
それは康二のレギュラー効果というか、
アイツがグループにもたらせてくれた〝競争心〟だと思うんですよ。
俺もそうやって、メンバーの競争意識を高められる人間になりたい』

現在、グループとしては『ザ少年倶楽部』『7G～SEVENTH GENERATION～』『それSnowManにやらせて下さい』と、不定期ながらも3本のレギュラー番組を持つSnowMan。さらに個々のメンバーでは『芸能人が本気で考えた！ドッキリGP』（向井康二）、『アイ・アム・冒険少年』（向井康二、目黒蓮）と、この4月からの活躍が目立ち始めている。

「ジャニーズ初の気象予報士として注目された〝インテリJr.〟の代表だった阿部亮平くんも、現在、日本テレビ朝の情報番組『ZIP！』のリポーターとしてレギュラー出演していますが、本人は**『いつか情報番組の天気予報を』**――と夢を語っています。ただウチの局もそうですが、情報番組のお天気コーナーに食い込むのは、なかなかの至難の技ですからね」

阿部をはじめ、ジャニーズJr.のインテリチームを積極的に起用してくれるテレビ朝日『くりぃむクイズミラクル9』ディレクター氏は、そんな阿部に――

『〝デビューして何が変わるんだろう？〟と不思議だったけど、個人でお仕事に呼んで頂けると、やっぱり意識が自然と変わるもんですね』

――と言われたそうだ。

「阿部くんとは他の担当番組でも何回か顔を合わせていて、その日もリハーサルの時からニコニコと話しかけてくれたんです」

そしてディレクター氏が「今の気分は?」と尋ねて返ってきたセリフに、『個人でお仕事に呼んで頂けると、やっぱり意識が自然と変わる』——の一節が入っていたのだ。

「特に関西ジャニーズJr.から東京に移籍してSnow Manに加入した向井康二くんと共に、

『切磋琢磨しながら個人仕事で学んだことをグループに持ち帰ろう』

——と話し合ったそうです。

向井くんは関西時代からコンサートやイベントのMCを仕切り、さすがに喋りが上手い。でもテレビの世界では自分たちはデビューしたての新人同様で、だからこそ周りには〝盗んで帰りたい〟ものばかり。どちらがより多くのものをグループにもたらすことが出来るか、それは**『康二と俺の勝負!』**——だそうです」(『くりぃむクイズ ミラクル9』ディレクター氏)

ちなみに阿部が向井に「何を盗んできた?」と最初に尋ねた時、向井が大真面目な顔で——

『番組グッズやノベルティ』

——と答えたのは、ここだけの話にしておくとしよう(笑)。

延期された〝アジアツアー〟への想い

『アジアツアーに向けてみんなで中国語の勉強をして、
それが活かせなかったのは残念ですけど、
驚いたのはメンバーの誰一人、
中国語の勉強を「やめよう」と言い出さなかったこと。
俺としては、みんなのその向上心が何よりも嬉しかったですね』

日本でも1月下旬頃から芸能界に影響をもたらし始めた〝新型コロナウィルス〟の流行。

大阪市のライブハウス、札幌市のライブバーでの集団感染、クラスターをきっかけにコンサートやイベントが続々と中止になり、ジャニーズ事務所もＳｎｏｗ ＭａｎとＳｉｘＴＯＮＥＳのハイタッチ会からイベントや舞台、コンサートの自粛を続けた。

やむを得ないこととはいえ、ＣＤデビュー直後からの活動に大きな変更を余儀なくされる、Ｓｎｏｗ ＭａｎとＳｉｘＴＯＮＥＳのメンバーたちだった。

『こんな言い方をするのもどうかと思うけど、
俺らはまだ2月1日の『JAPAN EXPO THAILAND 2020』でステージに立てた分、
SixTONESよりも恵まれているように思う。
あの日、あのステージだけでも、ファンの皆さんを笑顔にすることが出来たから』

言葉を選びながら『ＺＩＰ！』スタッフ氏に語る阿部亮平だったが、中でもまたいつの日か、
今回の延期措置や中止措置の「借りを絶対に返したい」と強く願うのが、3月10日からスタートするはずだったアジアツアーの実現だ。

「阿部くんはアジアのファンに対して『残念でたまらないけど、次は自分たちのパフォーマンスレベルをもっともっと上げて、より素晴らしいステージをお届けするので待っていて欲しい』――と、ポジティブな気持ちを明かしてくれました。そして自分が〝悔しいし落ち込んだけど、でも気持ちは高いレベルでキープしたままでいられる〟理由を、『メンバーの〝ある様子〟によるものだ』――とも話してくれたんです」（『ZIP!』スタッフ氏）

それが冒頭の、『驚いたのはメンバーの誰一人、中国語の勉強を「やめよう」と言い出さなかったこと』だ。

「もう先々のスケジュールはビッシリ埋まっているので、再公演をいつ行えるかの約束すら出来ない。普通はメンバーも〝せっかく中国語の勉強をしたのに〟と気持ちが切れるところ、全員が〝中国語の勉強はちゃんと続けていきたい〟意思を示してくれたことが、阿部くんは何よりも嬉しかったそうです」（同スタッフ氏）

なぜメンバー全員、アジアツアーへの想い、気持ちが切れなかったのか?

それは彼らがもう、アジアのファンが自分たちを熱狂的に迎えてくれることを知っているからだろう。


「阿部くんは『タイの時は康二がタイ語の通訳をしてくれたけど、中国ではそれぞれが自分の力でコミュニケーションを図りたい』——と話していたこともありました」(同氏)

音楽は国境を越える。

だがそこに言語を理解する能力が加われば、お互いの想いも国境を越え、交わることが出来るのだ。

Ｓｎｏｗ Ｍａｎのアジアツアーが実現する日が来ることを一番楽しみに待っているのは、おそらく彼らメンバー自身に違いない。

目指せ！ クイズ番組の〝賞金ハンター〟

『変な話、劇団ひとりさんに「日テレはギャラの振り込み早いよ」って聞いてたから、
「もしオンエアされる前に賞金が入ったらどうしよう?
オリンピックに備えて4Kの60インチ（テレビ）が欲しくなったらどうしよう?」
……って、ガチに悩んでました。
だってメンバーにもオンエア前に結果を話すわけにはいかないし、
オンエアまで2ヶ月以上も空いているんだもん。
ガマン出来ずに買い物しちゃうかも（笑）』

1月24日にオンエアされた『クイズ！ あなたは小学5年生より賢いの？』（日本テレビ）で、見事に11問連続正解、番組史上2人目の〝賞金300万円〟獲得者に輝いた阿部亮平。
MCの劇団ひとり、佐藤隆太に賞金300万円の使い道を尋ねられ――

『メンバー全員で高級寿司に行く』

――と公約したものの、実はいまだにその約束は守られていない（らしい）。

『だって「賞金が振り込まれたか」ってウンともスンとも言われないし、
オリンピックも延期になっちゃったし。
これは神様が「ちゃんと公約守れ！ 全国ネットで言っちゃったんだぞ！」と怒ってるに違いないから、
もちろんメンバーと寿司を食いにいって、番組の発言については責任を持つから』

翌週のオンエアでも再び全問正解した時の姿が映し出され、まさに〝一粒で二度美味しい〟経験をした阿部。

実際に小学5年生レベルの学習問題は、なかなかどうして「手強い」の一言。
それは阿部が、番組史上わずか2人目の全問正解者だったことでもおわかりだろう。

『これは何回か話してるから新鮮味がないかもしれないけど、
〝日本で一番小さな国宝は?〟という問題は、リアルに想像がつきませんでした。
やっぱり〝国宝〟と聞いて最初に思い描くのは仏像や美術品で、
正解だった〝金印〟は俺の中でほんの少し胡散臭さもあって。
だから解答を〝金印〟に決めるのは、本当に一世一代の勝負でしたね』

わずか2.3㎝四方の小ささながら金の含有率が95%と極めて高く、そのサイズで重さ108グラムもある〝漢委奴国王印〟。江戸時代中期に現在の福岡県福岡市志賀島で発見され、当時の福岡藩へと献上。藩主はあの黒田官兵衛、黒田長政の黒田家直系で、明治維新後に東京国立博物館に委託。昭和初期に国宝に指定されると、やがて〝日本一小さい国宝〟として世に知られるようになったのだ。

実は阿部自身、この番組には以前の特番時代から注目していたと明かしてくれた。

『自分が番組のコンセプトにある小学5年生でジャニーズJr.入りして、
何とか目立つキャラを作りたくて勉強を始めているので何か他人の気がしないというか、
〝同じ小5じゃん!〟ってシンパシーすら感じていたんですよ。
だから300万円云々ではなく、とにかく最後まで〝間違いたくない〟気持ちが強かったんです』

阿部はこれからも――

『賞金が出るクイズ番組で〝賞金ハンター〟と呼ばれるようになりたい』

――と力強く語る。
阿部亮平には〝インテリジャニーズ〟の代表として、東大クイズ王たちに勝るとも劣らない頭脳で、
その名をしっかりと視聴者の脳裏に刻んで欲しい。

目黒蓮

Snow Manに吹き込む〝新風〟

『俺はJr.の頃に何年もSnow Manに在籍したわけじゃないから、
デビューした今は1年後、5年後、10年後……って、
Snow Manとしての歴史を積み重ねていきたい。
そのためには先輩方に、
「(Snow Manでいることが)もう飽きちゃったよ~」と言わせないために、
常に新風を吹き込んでいくつもりです』

どんな時でも絶やさない笑顔が印象的で、女性ファンを虜にする目黒蓮。

「目黒くんを新加入の3人に選んだのは、滝沢くんの慧眼と言えるでしょう。まだ伸び盛りの16才で身長185㎝のラウールくん、旧Snow Manで最も背が高い、身長182㎝の岩本照くん。そこに身長184㎝の目黒くんが入ったからこそ、Snow Manはスピードとバランスが取れた9人編成になっている。もし目黒くん以外のメンバー、それも身長170㎝台のメンバーが入ったら、バランスが崩れて今のフォーメーションが組めない。もちろん滝沢くんも、それを想定して目黒くんを抜擢したのでしょうが」

テレビ朝日『ミュージックステーション』構成スタッフ氏は、あくまでも個人的な意見とした上で、

「僕は目黒くんの加入が最大の肝だと感じています」

――と語る。

「まずこれまでのデビュー組にはいなかった〝いかにもモデル系〟のルックスと体型。現在、二宮和也くんとJCBカードのCMに出演していますが、ほんの数秒で表現するコミカルな表情。ジャニーズJr.入りして6年間も目立たず、ようやく宇宙Six入りした努力家ですが、そういった面を感じさせない都会的な雰囲気も魅力」

――そう言って目黒蓮の魅力を絶賛する構成スタッフ氏。

「本人も『Ｓｎｏｗ Ｍａｎに新風を吹き込みたい』――と話していましたが、目黒くんに限らず新加入の3人は、間違いなくポジティブな化学反応をＳｎｏｗ Ｍａｎに起こしてくれています。すでに〝最初から9人だったのでは？〟と感じるほど違和感がないのも、彼ら3人の努力の賜物。中でも目黒くんは、一つきっかけを与えられれば〝バチーン〟と弾けるでしょう。つまりラウールくんの次は目黒くん、滝沢副社長の仕掛けが楽しみでなりません」（構成スタッフ氏）

そう焦らず、もうしばらくタイミングをお待ち頂きたい。
必ずや目黒蓮の魅力がバチーンと弾ける日が来るのだから。

すべてを〝ポジティブ〟に捉えて

『2月に『JAPAN EXPO THAILAND』に招待されたじゃないですか。
デビュー直後の自分たちが驚くほど熱狂的に迎えてもらえて、
しかも俺たちが会場を移動するだけの動画がSNSで世界中に拡散されるとか、
何だかアジアの大スターになった気分(笑)。
でもK-POPのスターは、そうして人気が広がっていったそうですね』

ファンの皆さんの中にも、日本では〝100%ご法度〟のメンバー動画がSNS上で拡散されたこと、ご存知の方もいらっしゃるだろう。

「毎年、2月の頭を絡めた週末にタイの首都バンコクで開催される、日本文化の国際見本市『JAPAN EXPO THAILAND 2020』では、数ヶ所のステージで日本のアーティストがミニライブを行います。その多くは女性アイドルグループで、毎年のようにAKB48が参加。他にもメジャーアイドルからインディーズアイドル、秋葉原の地下アイドルまで玉石混淆でステージに登場します。どうやって招聘しているのかわかりませんが、下手な日本国内のアイドルフェスよりも盛り上がりますよ」

タイといえばお馴染み、ムエタイ向井ブラザーズの出身地。

向井康二にとっては母の故郷に錦を飾ることになるはずだったが、禁止されている徹夜の行列や有料VIPエリアへの不法侵入、挙げ句の果てにはアジアでは恒例の光景とはいえ、ライブ中や移動時の動画撮影の横行。

残念なことに現地のイベント関係者には、Snow Manのファンは悪い印象しか与えなかったようだ。

「実はメンバーもその騒動のすべてをしっかりと目撃しており、ライブ終了後には主催者側に頭を下げたそうです」

そう話すのは、毎年このイベントを取材している某アイドル誌の編集長だ。

Ｓｎｏｗ Ｍａｎ本人たちには〝アジアでライブを行う時の習慣〟として、「スマホ撮影がデフォルト」であることは伝えられていたようだ。

デビュー後、初のライブステージの高揚感。

さらには、この頃はまだ一部行われると信じていたアジアツアーに向けての、最高の予行演習となったことで、カメラに笑顔で収まる動画や写メがＳＮＳ上を賑わせた。

冒頭のセリフのように、基本的にはすべてをポジティブに捉えている目黒蓮は、さらに――

『いろいろあったのは事実だけど、
でも俺はタイの良い思い出だけをずっと覚えておくつもり。
だって康二くんの住んでいた国だよ？　嫌いになんてなりたくないじゃん』

――と続けたという。

〝挫けない自信〟を持つために

『昔は本当にすべてにおいて自信がなくて、
かといって今もそんなに自信があるわけではないんですけど、
考え方一つで〝人は変われる〟ことを実践することが出来たのは、
自信というほどでもないけど大きかったです』

高身長イケメン、滝沢秀明副社長にも期待されている目黒蓮が、ほんの数年前まで「あらゆることにおいて自信がなかった」とカミングアウト。

それは一体どうしてだったのだろう——。

『単純に何も出来なかったから、目を掛けてもらえることがなかったですね。
宇宙Sixに所属していた時も、集合写真はだいたい端っこにいましたから』

宇宙Six初代メンバーの一人だった目黒。

結成が発表されたのは2016年、嵐のバックダンサーとしてライブツアー『Are You Happy?』初日にお披露目された。

「もともとはJr.ユニット〝They武道〟にメンバー3人を加え、6人で〝宇宙Six〟としてスタート。They武道はM.A.D.とMADEのメンバーで結成されたので、Jr.ユニットの金看板の一つ〝M.A.D.〟の流れを汲む由緒正しいユニットでもあるのです」（アイドルライター）

今も最年長34才の江田剛から最年少24才の原嘉孝までの4人で活動を続けている宇宙Sixは、いずれは〝ふぉ〜ゆ〜〟路線に進むのではないだろうか。

さて、話を目黒に戻そう。

そんな宇宙Sixが結成される2016年11月まで、2010年10月入所の目黒は丸6年間も目立つことなく送っていた。


『同期に佐藤勝利、神宮寺勇太、岩橋玄樹、宮近海斗、松倉海斗、中村海人……って、いきなり目立つヤツがいっぱいいたからね。

入所から1ヶ月で〝ジャPAニーズHi!School〟には加わったけど、そもそもメンバー52人だったし(苦笑)。

むしろ選ばれないほうがおかしいレベルだったから』

その〝ジャPAニーズHi!School〟でも、端のほうで不器用に踊っていたという目黒。

その後、有望なJr.たちは〝Sexyファミリー〟に抜擢されていき、ジャPAニーズHi!Schoolも自然消滅へ。

その頃、何人ものJr.がジャニーズ事務所から去っていったが、不思議と目黒は「辞めたい」気持ちはなかったそうだ。

『本当に何も出来なかったし、自信もなかったし。
それでも努力を続けることで〝夢は必ず叶う〟とは思わなかったけど、
この努力は〝必ず自分の身についてくれる〟とは信じてました。
変に聞こえるかな?
〝努力をする自分〟が好きだったんです』

ジャニーズ事務所に履歴書を送る以前に、すでに『滝沢歌舞伎』に心を奪われていた蓮少年。

彼の目標は自分を磨き、いつか観客に感動を与える存在になること。

しかし目に見える結果はなかなかもたらされず、自分に自信を持つことは出来なかった。

『宇宙Six に入ってしばらくした頃、
嵐さんのライブが終わった後に潤くんや相葉くんに声をかけられ、
「よく頑張ってた」——と褒められたんです。
その時は「嵐さんがバックダンサーの自分を見てくれていた!」ことが単純に嬉しくて、
それを友だちに報告しました』

〝心友〟と言っても良いその友だちは、目黒が松本潤や相葉雅紀に声をかけられたことを、「すげえな！　自慢出来るし、自信になるな」の言葉で目黒に返してきたという。

『俺は本当、自信とかそんなことじゃなく、
潤くんや相葉くんに声をかけられたことが嬉しかっただけで、
まさかそれを自信に繋げようとか想像もしませんでした。
だから友だちのセリフが意外すぎて、しばらくは「そういうことか！」と気づかなかったんです。
今も決してたくさんの自信があるわけじゃない。
でも一つでも自信を持つことが出来たら、人は変われる。
俺は変われた。
次は俺自身、ちょっとやそっとでは折れない、〝挫けない自信〟を持つために、
技術や経験を身につけていきたいですね』

そう語ってくれた目黒蓮。
大丈夫！　君は滝沢秀明が見込んだ男なのだから――。

夢は〝大河ドラマ〟出演

『昔からずっと大河ドラマに出るのが夢で、
滝沢くんにも何度も『義経』の話を聞いてるし、
その『義経』で共演した方々とのつき合いが今も続いているって聞くと、
「やっぱり1年間も続くドラマは特別なんだな～」って感じる。
俺は時代劇であれば何時代の話でも構わないから、
とにかく〝侍〟を演じてみたい』

ＮＨＫ大河ドラマといえば、朝ドラ（連続テレビ小説）と並ぶＮＨＫの〝顔〟。

朝ドラがＮＨＫ東京放送局と大阪放送局が持ち回りで半年間ずつ制作するのに対し、大河ドラマは東京放送局が1年間、50回をベースに制作している。

内容はほとんどが時代劇で、２０２０年の今年は明智光秀（主演 長谷川博己）を主人公にした『麒麟がくる』がオンエア中だ。

「宮舘くんが昔から大河ドラマに憧れているのは、まず壮大なスケールで撮影される大河ドラマの現場を経験してみたいこと。そして地上デジタル放送のＮＨＫ総合、さらに衛星放送のＮＨＫ BSP、BS４Kで放送されているので、日本中のどこにいても視聴出来ることが理由だそうです。もちろん単純に〝時代劇に出てみたい〟のが最も強い動機でしょうが」

話してくれるのは、宮舘涼太とはプライベートの〝メシ友〟という放送作家氏だ。

「旧Ｓｎｏｗ Ｍａｎの中でもあまり演技経験のない宮舘くんですが、実はこれまでに2度、ＮＨＫ制作のドラマに出演しています。いずれも単発出演のようなものでしたが、その時、ＮＨＫのドラマ作りが細部にこだわり、セットも小道具も〝本物にしか見えない〟ことに感嘆し、『**昔から先輩たちが出ていた大河ドラマはどれだけスゴいんだろう**』――と、さらに興味を持ったと話していました」（放送作家氏）

ジャニーズアイドルと大河ドラマ、主に時代劇の関わりは40年近くに及び、第1号は1972年『新・平家物語』に出演した郷ひろみ。

これまで大河ドラマに主演している所属タレント（※退所組含む）は――

1993年『琉球の風 DRAGON SPIRIT』東山紀之（啓泰 役）
2004年『新選組！』香取慎吾（近藤勇 役）
2005年『義経』滝沢秀明（源義経 役）
2014年『軍師官兵衛』岡田准一（黒田官兵衛 役）

――の4名。

その他にも2003年『武蔵 MUSASHI』で主人公（宮本武蔵）の宿命のライバル、佐々木小次郎を演じた松岡昌宏。

2018年『西郷どん』で主人公（西郷隆盛）の弟、西郷従道を演じた錦戸亮は、主要キャストとして強烈な印象を残してくれた。

「中でも大河ドラマに最も貢献しているジャニーズアイドルはV6の森田剛くんだと思っています。1995年『八代将軍吉宗』、1997年『毛利元就』、2012年『平清盛』の3作に出演し、その中でも『平清盛』で演じた平時忠役は秀逸で、彼の演技力の高さを知らしめました」（同放送作家氏）

実は宮舘、この〝平時忠〟役の森田の好演、さらにその2年後に主演した岡田を見て――

『絶対に自分もあの場所に行きたい！』

――と願ったそうだ。

その望み通り、大河ドラマのキャストに〝宮舘涼太〟の名が刻まれる日が、一日も早く来ることを楽しみに待とう。

アイドル界の頂点に立つために必要なこと

『西野（亮廣）さんに番組で「ダテ様」と呼ばれるのが、ちょっと恥ずかしくて……。
というのも共演するようになってからいろいろとチェックすると、
本当にスゴい人で尊敬しかないから。
言い方は悪いけど、
デビューするとそういう方々と仕事が出来るようになるんだよね。
うん、デビュー最高（笑）』

そこはかとなく漂う高貴なイメージ。

知恵と教養、さらには由緒正しき家系に名を連ねる〝貴族〟のごとき佇まいは、芸能界の先輩ですら「ダテ様」と呼ばざるを得ない、そんな不思議なオーラに包まれている宮舘涼太。

皆さんには「渡辺翔太とは幼稚園のゆり組からの幼馴染み」でも知られるが、しかしある意味では貴族に相応しくない、貪欲な上昇志向を垣間見せることがあったという。

「もしあの走り書きが宮舘くんじゃなければ、僕も特に気にも留めなかったかもしれません。でもハッキリと宮舘くんが書いている瞬間を見ているので、一体何を書いたのか、気にならないほうがおかしいでしょ」

フジテレビ『7G』現場スタッフ氏は、収録の合間の休憩中、MCの西野亮廣と前室で話し込む宮舘の姿を目撃したそうだ。

「別に誰と誰が喋っていようが、普段はチラ見するだけで近寄りません。でもその取り合わせもそうですが、宮舘くんが構成台本の余白に何やら書き込んでいる姿が見えて〝ずいぶんと勉強熱心だな。西野くんからどんなことを学んでいるんだろう?〟と気になり、吸い寄せられるように近づいてしまったんです」（現場スタッフ氏）

今でこそ本業のお笑いよりも絵本作家や会員制ウェブサロンの主宰として知られる西野だが、かつてはお笑い第五世代のトップランナーを務めた売れっ子芸人。

2人の様子を見る限り、間違いなく宮舘は西野から〝教え〟や〝アドバイス〟を授けてもらっているに違いない――そう感じた現場スタッフ氏は宮舘の背後を何気なく通りすぎるフリをして、瞬時に構成台本を覗き見る。

するとそこには何十という数で〝謙虚〟の2文字が書き込まれていたのだ。

『西野さんからはあの時、

〝これからの俺やSnow Manに一番大切なこと〟を教えてもらっていましたね。

「アイドルだろうと芸人だろうと、売れたら周りの人間の態度が変わる。

そしてその態度は売れた人間を増長させ、

自分が誤っていたことに気づくのは、自分がまったく売れなくなってからだ」――と。

「Snow Manがアイドル界の頂点に立つために必要なのは、

周囲の態度に惑わされず、いつまでも謙虚であり続けることしかない」

――と教えてもらいました』

そして気づいたら、無意識に〝謙虚〟の2文字を書き続けていたという宮舘。

『でもその時、「絶対に売れてやる。頂点に立ってやる」——と考えたら、自然と文字が大きくなっていました』

Snow Manメンバーには、いつまでも謙虚さを忘れず、いずれアイドル界、いや芸能界の頂点に立って欲しい——。

〝元祖貴族〟に追いつきたい！

『俺たちってJr.時代から〝どの先輩の背中を追いかけるか〟によって、
受ける影響がまったく違うんですよ。
たとえば、パフォーマンスに高いプライドと意識を持っている
照が憧れているのは、国分太一くん。
普通の人は堂本光一くんや滝沢秀明くんなど、
Ｓｎｏｗ Ｍａｎが学ばせてもらった先輩を予想するでしょうけど、
照は太一くんみたいに数多くの番組に出て、
「一人でも多くの視聴者やファンに感動を与えたい」――と願ってるんです。
だからマルチに活躍し、なおかつ何年にも渡って結果を出している
太一くんに憧れている。
俺？ 俺はずっと亀梨和也くんに憧れて、木村拓哉さんが神様だよ』

ジャニーズアイドルの中に〝王子様〟キャラではなく〝貴族〟キャラを定着させた「だて様」こと宮舘涼太。

同時にファンの間では彼の〝亀愛〟も有名で、かつては「せめて香りだけでも近づきたい」と、同じ香水、同じシャンプー、同じボディソープ、同じマウスウォッシュ……などを揃え、身だしなみを整えていたほどだ。

『亀梨くんは僕の中では〝元祖貴族〟で、真似してるうちに僕が〝貴族〟と呼ばれるようになっただけ。男同士で「微妙にキモい」とメンバーに言われたこともあったけど、憧れの人と同じ香りに包まれたいのは、ごく普通の感情でしょ？』

〝普通〟と言い切れるかと問われれば、やはり〝微妙〟と答えるしかあるまい（苦笑）。

さて、宮舘が言う『〝どの先輩の背中を追いかけるか〟によって、受ける影響がまったく違う』ことについて、彼の足取りを辿っていくとしよう。

『ジャニーズJr.に入所したのは2005年で、
俺が入ってから最初にデビューした先輩がKAT-TUNでした。
まだ全然、レッスンを受けていても大して目立てない俺でしたけど、
入って3ヶ月後にKAT-TUNのCDデビュー会見が開かれて。
芸能ニュースでしか見てないけど、
「いつか俺もKAT-TUNのように、
たくさんのフラッシュを浴びながらデビューするんだろうな~」
――って、勝手に未来予想図を描いてました。
現実は少し違いましたけどね。
でも嬉しさは想像の何倍もありました』

やがて宮舘はKAT-TUNのバックダンサーに抜擢されるが、亀梨の背中を直接眺めながら学んだことを、デビューが決定してからも守り続けているそうだ。

『亀梨くんはどんなに疲れていても、熱でフラフラになりながらも、
絶対に自分からは〝舞台を降りない〟人でした。
だから僕も自分からステージを降りることはしたくないし、
デビューした今もその気持ちを忘れずにいます。
自分が亀梨くんのように〝背中で語れているか？〟と尋ねられれば少し返答に困るけど、
でもあの頃、レッスン場で亀梨くんから嗅いだ（香水の）匂いは、
今も僕の〝勝負の匂い〟として漂わせてますよ（笑）』

——匂いはどうでもいいのでは（笑）？
受け継ぐべきは姿勢なのだから。

『常に最善を尽くし、自分がどんな現状にいようとトップを目指す。

亀梨くんはよくJr.にゴハンを食べさせてくれましたが、

その時に――

「俺が知る限り、一番メシを食うヤツはだいたいデビューしてる」

――なんてことをポロッと言うんです。

僕らはそれを聞いて必死に食べるんだけど、

実は僕らに遠慮させないために、わざとそんなウソをついてくれる。

お陰で僕らはみんな腹一杯になって、その日の疲れも吹っ飛ぶんです。

いつか僕もこの方法は真似して、Jr.にお腹一杯ゴハンを食べさせたいですね』

確かに亀梨は〝優しくてスマートな先輩〟に違いない。

宮舘が憧れて真似をしたくなる気持ちも理解出来るかも。

『いつか僕にとっての亀梨くんのように、

「だて様に憧れてます」って後輩が山ほど出てきますように。

そうなって初めて、

「亀梨くんの足元ぐらいには及んでるかな?」――と、

自分で自分を評価してみたいですね』

果たしてその日は間近に迫っているのか?

それは今後の宮舘、そしてＳｎｏｗ Ｍａｎの活躍にかかっている――。

佐久間大介

『7G』で受ける〝良い刺激〟

『みんなは信じられないかもしれないけど、
俺たち全員、デビュー曲のフラゲ日から2日以内に、
全員がCDショップを何店舗か回ったからね。
大量買い勢はネットだけど、この目で見るまで信じられないじゃん?
まあ、願わくばそれがアニメのタイアップ曲で、
ジャケットがイラストであって欲しかったけど(笑)』

不定期とはいえ、Snow Manがお笑い第七世代の四千頭身、さや香、さすらいラビーらと体を張って対決するレギュラー番組『7G ～SEVENTH GENERATION～』は、メンバーにとって「かなり刺激になる」番組だ。

『お笑い第七世代って、2020年からのテレビ界でグイグイと存在感を増す存在。
幸か不孝か俺たちはデビューに時間がかかった分、
第七世代の人たちとほぼほぼ同じ年代なんですよ。
その第七世代と対決することでバラエティスキルを身につけ、
〝いつか一目置かれるようになりたいな～〟って』

――こう話す佐久間大介は、3月26日にオンエアされたレギュラー第3弾の収録で、「めちゃめちゃ嬉しいことがあった」そうだ。

『あの日の収録が始まる前、MCの西野さんが俺らのデビュー曲を9枚買って持ってきてくれて、メンバー1人1枚ずつ「サインしてくれへん?」と頼まれたんです。

もちろん西野さんは自腹で買っていて、「宛名は〝西野さんへ〟で頼むわ」と照れくさそうに言うんです。

俺らみんな、西野さんの下の名前〝亮廣さん〟も漢字で入れました。

……あっ、ラウールはたぶん、ひらがなだったと思うけど(笑)』

キングコングの西野亮廣は去年でデビュー20周年を迎えた、メンバーにとっては芸能界の大先輩。

その西野にサインを、しかも自腹で9枚も購入したCDを渡されて、Snow Manが感激しないはずがない。


『しばらく西野さんを交え10人で、〝CDを何枚買ったか〟の話で盛り上がりました。

あの回のオープニングで照やふっかが〝100枚、200枚〟って話していたのも、実はその雑談の延長。

その時、西野さんはそんな雑談からもすぐにトークのネタに活かしたり、〝これがプロのMCの仕事なんだな～〟って、勉強させて頂いた気分でした』

冒頭のセリフもこの時のトークに関連しているが、何とその直後、Ｓｎｏｗ Ｍａｎにアニメ主題歌のオファーが舞い込み、佐久間は狂喜乱舞で大喜び。

『こんな簡単に夢が叶うなんて信じられないけど、アニメ『ブラッククローバー』のオープニングテーマ〝Ｓｔｏｒｉｅｓ〟を、俺たちが歌ってるから。アニメの世界観にもピッタリの曲で、作品ともども愛されると嬉しいな』

ちなみに佐久間の記憶からはすっかり消し飛んでるが（苦笑）、四千頭身、さや香、さすらいラビーのレギュラー陣に加えて緊急参戦した宮下草薙も、しっかりとＣＤを買ってきてくれたことをお伝えしておこう――。

〝NGなし〟で突っ走る宣言

『今さ、「俺と康二のどっちが〝NGなし〟を貫けるか?」――で争ってんの。
お互いにドラマよりもバラエティ志向が強いから、
NGが一つでもあると仕事の幅が狭まるからね。
あとは康二が俺の〝美少女アニメヲタク〟みたいに、
本当の性癖をカミングアウト出来るかどうか。
アイツ、関西人なのに意外とシャイだと思うんだよな～。
そういう点に関しては』

佐久間大介が〝ジャニーズ5組目のアウト〟で『アウト×デラックス』(フジテレビ系)に登場してから、間もなく1年になろうとしている。

2019年7月25日「ジャニーズアウト第5弾 〜タッキーからの贈り物〜」の紹介で、超アウトなアニメ愛を語り、世間的には隠されていた過激すぎるほどの〝アニメ愛〟をカミングアウト。

アニメキャラクターがプリントされた私服、当時の最新アイテムだった〝パン痛(※キャラクター柄パンツ)〟はまだしも、自らのアクリルスタンドをアニメキャラと並べて悦に入る姿には、さすがに一般視聴者もドン引きだった(苦笑)。

「でも彼は『デラックス』にとても感謝していて、『**いろいろな意見が耳に入ってきたけど、基本的には出演してよかった**』——と、今でも話しています」

あの出演をきっかけに「月に1回ぐらい、塚ちゃん(塚田僚一)も交えて食事に行く」という、フジテレビ『アウト×デラックス』ディレクターは、酔っ払った佐久間に「しつこいほどお礼を言われる」と笑う。

「実際、番組出演が決まった時、ようやく本来の自分をさらけ出せる喜びと、カミングアウトすることで去って行くであろうファンのことを考え、『頭の中が損得感情でぐちゃぐちゃになった』そうです。しまいには『**俺のアイドル人生、自分の信じた道を進むしかない!**』――と開き直り、全力で喋り倒したのだと。でもそのお陰で『**あれからどんなことを聞かれても怖くなくなった。プライベートを公開することで、こんな楽になれるなんて思わなかった**』――と、今でも握手を求められます」(同ディレクター氏)

佐久間の場合は本物のアニメヲタクという、どちらかといえば〝ネガティブな印象〟を与える趣味ゆえに、かなり特別なケースと言えるだろう。

冒頭のセリフも、向井康二に何らかのカミングアウトを求めているように思えるが、念のためにお断りしておけば、向井には〝隠しておきたい趣味〟があるワケではない。

「佐久間くんには〝俺がこうだからお前もこうしろよ〟的な、共犯意識を求める傾向があります。『**お互いに共有する秘密を持ちたがるのは〝典型的なアニメヲタク〟**』――だと、自分で言ってましたから(笑)」(同氏)

自分たち2人が——

『Ｓｎｏｗ Ｍａｎのバラエティ担当として引っ張る！』

——と宣言する佐久間と向井はこれからも、

『**自分をネタに貪欲に笑いを取りたい**』

——と断言。

自ら宣言したように〝ＮＧなし〟で突っ走って欲しい。

〝自分らしさ〟を貫く

『これはいつもリアルに感謝しているんだけど、
ウチのメンバーはみんな懐が深いっていうか、
「さっくんがいいと思うこと、やりたいと思うことがあれば、
それは堂々とやるべき。
俺らの意見を気にする必要はない」
――と認めてくれるんですよ。
それは俺の趣味に関することだけど、
イコール俺自身が認められているというか、
〝俺がＳｎｏｗ Ｍａｎにいる意味を与えてもらえた〟気がするんです』

佐久間大介の場合、どうしてもエピソードが〝アニメヲタク関連〟に片寄ってしまうのだが、それは彼が本気でヲタクをやっている、ヲタクが彼の生き様なのだから、仕方がないのかもしれない。

ファンの皆さんの中にも、「大好きなさっくんの趣味だから……」と微妙な心境でアニメヲタクを受け入れる方もいれば、「ジャニーズにガチのアニヲタがいると聞いて」と、そちら方面から佐久間担になった方もいらっしゃるだろう。

Ｓｎｏｗ Ｍａｎのブレーンとしてアイデアを提供する有名放送作家氏は、

「滝沢くんには『Ｓｎｏｗ Ｍａｎの個性を消さないで欲しい』――の条件付きで声をかけられました」

――と振り返る。

「岩本くん、深澤くん、渡辺くんは何となくキャラクターを掴んでいましたけど、他のメンバーは名前程度しか知りませんでした。でも少し調べてみると、〝確かに個性的だな〟と。ただ一番の問題はアニヲタの佐久間くん。本気であればあるほどアニヲタは〝イジリにくい〟からです」（放送作家氏）

Ｋｉｓ‐Ｍｙ‐Ｆｔ2の宮田俊哉にも言えることだが、アニヲタには個々に〝イジられる限界点〟があり、それを越えるといきなりキレ始める傾向が強い。

本人が笑って受け答えしているうちは構わないが、その限界点を越えた瞬間、アイドルとして〝見せてはいけない顔〟が現れてしまいかねない。

「基本、アニヲタは周囲からある程度ネタにされることには慣れています。でも触れてはいけない、越えてはいけない限界に達すると〝俺の○○ちゃん（※アニメキャラクター）は生きている！それ以上、俺の嫁をバカにすると許さねえ!!〟……などとキレるので、さすがにファンもドン引きするでしょう。個性を消さないようにと言われても、〝出していい個性と出してはいけない個性〟がありますからね」（同放送作家氏）

まずは佐久間本人に意思を尋ねる前に、メンバーは佐久間のアニヲタぶりをどう思っているのか、放送作家氏はそれを「先に確かめておきたい」と考えたそうだ。

ところが……

「驚きました。みんな『さっくんの好きにすればいいんじゃない？』『無理にやめさせる必要はありません。本人の自由だから』『一人ぐらいガチヲタのメンバーがいても（いい）』――と、笑い飛ばすんですよ」（同氏）

それは予想もしていなかった反応だった。

『たとえば俺がＳｎｏｗ ＭａｎじゃなくＳｉｘＴＯＮＥＳのメンバーだったら、誰とは言わないけど「アニヲタはやめてくれ」と言われて、俺は俺で相手を説得しようと必死になると思う。
もしウチのメンバーに反対されたら、同じことをするんじゃないかな。
でもＳｎｏｗ Ｍａｎは良い意味で〝個人主義〟の一面があって、グループにおける自分の役割をキッチリと果たしていたら、お互いに仕事以外のプライベートには口を挟まない。
Ｓｎｏｗ Ｍａｎでいる限り、俺は間違いなく〝俺らしくいられる〟んですよね』

そう話す佐久間だが、しかしそれは逆に、プレッシャーにもなるという。

『だからといって、ダラダラとしょうもないプライベートは過ごせない。

自分のため、メンバーのため、Ｓｎｏｗ Ｍａｎのためにも、
プライベートの時間も仕事に役立つヒントを探してるもん。

みんなは覚えてないかもしれないけど、

『アウト×デラックス』に出た時、マツコさんに──

「ヲタク側の気持ちもわかるのは、ステージに立つ上でプラスになる」

──と言ってもらえて、それからは日常の中でヒントを探すことをクセにしていますね』

──なるほど、それは誰に何と言われても〝生涯アニヲタ〟を貫くしかない。

『Ｓｎｏｗ Ｍａｎの個性を消さないで欲しい』


滝沢副社長も認める〝彼らの個性〟。

個性溢れるメンバーが1つに結束し、その個性にさらに磨きをかけた時、Ｓｎｏｗ Ｍａｎは眩いばかりの輝きを放ち、アイドル界の頂点へと駆け上がっていくことだろう──。

SixTONES
×
Snow Man
go for the TOP!

エピローグ

3月30日に生放送されたTBS系の新番組『CDTVライブ!ライブ!』初回4時間スペシャルへの出演が告知されていたSnow Manは、その前夜に背負った重い十字架をどう下ろすのか、注目の登場シーンは午後8時25分のことだった――。

「実は当日の本番ギリギリで出演順に変更があり、Snow Manの次に出演したLittle Glee Monsterなどは、予定の30分も後回しにされてしまいました。それもこれもSnow Manのリハーサルに時間がかかってしまったせいですが、お陰で何とか、コーナー冒頭の謝罪もキチンと伝えられました」(番組スタッフ)

Snow Manの派手な紹介VTRが流され、そのまま『D.D.』のイントロに移るのかと思いきや、画面には向かって左から佐久間大介、ラウール、目黒蓮、深澤辰哉、渡辺翔太、向井康二、宮舘涼太、阿部亮平の順で、神妙な面持ちの8人が。

そしてただ一人、深澤辰哉が口を開く――。

『このたびはメンバーである岩本照の件で、
応援してくださっているファンの皆様、
関係者の皆様に多大なるご迷惑とご心配をおかけしてしまい、
本当に申し訳ありません』

（一同　深く礼）

『発表いたしました通り、
岩本は一定期間、芸能活動を自粛することになりました。
この事態を僕たちも深く受け止め、
彼がしっかりと反省して戻ってこられる日まで、
Ｓｎｏｗ Ｍａｎはこのメンバーで守っていきます。
本日は8人で、精一杯パフォーマンスをさせて頂きますので、よろしくお願い致します』

（一同　深く礼）

皆さんの目にはメンバーの姿が、どのように映ったのだろうか。

テレビ界、芸能界の大方の意見は次の通りだ。

「実際、岩本くんは集まったメンバーに未成年がいたとは思っていなかったでしょうし、しかも2年半近く前の、Snow ManにCDデビューの話が持ち上がる以前の出来事ですから、謝罪はするにしても〝活動自粛は重すぎる〟気もします」（前出・番組スタッフ）

しかしジャニーズ事務所は公式発表において、

『岩本は真摯に反省している』

――と謝罪した上で、

『今回のような酒席に参加していること自体、社会人としての自覚と責任が欠如していることの表れであり、ジャニーズ事務所所属タレントとしてふさわしくない行動である』

――と判断し、より深い反省を促すために〝一定期間の芸能活動を自粛させる〟結論を出した。

「これに驚いたのはファンの皆さんよりも我々で、まさか生放送前夜にそんな発表があるなんて。もし自粛するなら、記事が載ったFRIDAYの発売日（3月27日）だろうし、何もなかったので安心していたのですが……」（同スタッフ）

予兆はすでに前日、ジャニーズ事務所公式YouTubeチャンネルでの特別配信『Johnny's World Happy LIVE with YOU』のラインナップからSnow Manが外されていたことにあった。

SixTONESはもちろんのこと、Jr.のHiHi Jets、なにわ男子が出演したのにも関わらず、最も勢いのあるグループの一つが出演しないことなど、これまでの彼らの〝扱い〟からは考えられないからだ。

「僕らの間では〝キンプリのメンバーが嫉妬するぐらいSnow ManとSixTONESは推されている〟〝デビュー前は2グループとも売れるのか懐疑的に見られていたけど、さすが滝沢くんはデビューさせた以上は責任を持って売り出している〟と、両グループ共にJr.時代とは評価が一変しました。実はこれまでのデビュー組はJr.時代の期待を増幅させてブレイクして来ましたが、Snow ManとSixTONESは彼らに取り憑いていた〝今更感〟を払拭した、かつてないグループとして再評価されていました。しかもラウールくんがクリスチャン・ディオールCMキャラクターに抜擢され、全編英語詞の『KISSIN' MY LIPS』が〝次のシングルか〟と噂されていたタイミングで……」（同氏）

だがそれは、断を下した滝沢秀明ジャニーズ事務所副社長が――

『Ｓｎｏｗ Ｍａｎは必ず、この苦境を乗り越えられるに違いない』

――と、彼らを信じている証拠なのだという。

「それはＳｎｏｗ ＭａｎのみならずＳｉｘＴＯＮＥＳに対しての〝警告〟にもなりますからね。Jr.時代から切磋琢磨し合ってきた両グループだからこそ、お互いの想いは口に出さずともわかっている。何をすればいいのか、何をすべきなのかも」（同氏）

ファンの皆さんも、何も心配することはない。

岩本照は人間性を磨いて帰ってきてくれるし、９人のＳｎｏｗ Ｍａｎはさらに強くなってくれるに違いない。

そんなＳｎｏｗ Ｍａｎに負けじと、ＳｉｘＴＯＮＥＳも力をつけてくれるだろう。

彼らは15人で、世界を変えるのだから――。

SixTONES
×
Snow Man
go for the TOP!

〔著者プロフィール〕
あぶみ瞬（あぶみ・しゅん）

長年、有名アイドル誌の専属ライターを務めた後、地下アイドルのプロデューサーとしても実績を残す。同時にアイドルのみならず、クールジャパン系の情報発信、評論家としての活動を始める。
本書では、彼の持つネットワークを通して、SixTONES、Snow Man、各グループと交流のある現場スタッフを中心に取材を敢行。メンバーが語った「言葉」と、周辺スタッフから見た彼らの"素顔"を紹介している。
主な著書に『Snow Man vs SixTONES —俺たちの未来へ—』『NEXTブレイク前夜！ Snow Man × SixTONES ×なにわ男子』（太陽出版）がある。

SixTONES × Snow Man
— go for the TOP！—

2020年5月3日　第1刷発行

著　者…………… あぶみ瞬
発行者…………… 籠宮啓輔
発行所…………… 太陽出版
東京都文京区本郷4－1－14　〒113-0033
電話03-3814-0471／FAX03-3814-2366
http://www.taiyoshuppan.net/

デザイン・装丁… 宮島和幸（ケイエム・ファクトリー）
印刷・製本……… 株式会社シナノパブリッシングプレス

ISBN978-4-88469-998-7

SixTONES × Snow Man

go for the TOP!

◆既刊紹介◆

Snow Man vs SixTONES
—俺たちの未来へ—

あぶみ瞬［著］ ¥1,400円+税

『何があっても俺がSnow Manを引っ張る。
それを改めて８人が認めてくれるような、
そんな男にならなければいけない』〈岩本照〉

『メンバー６人で、誰も見たことがない景色を見てみたい。
SixTONESをそこまで高めるのが俺の役割』〈ジェシー〉

ユニット結成からデビューに至るまでの葛藤
デビューまでの舞台裏と今後の戦略、メンバー間の結束と絆——
彼らの知られざる素顔が満載！
側近スタッフしか知らないエピソード解禁!!

【主な収録エピソード】

★1st Chapter　Snow Man vs SixTONES ヒストリー
・戦友からライバルへ
・ジェシーに救われた松村北斗
・滝沢秀明がSnow Manに告げたセリフ
・彼らが“動かなかった”理由
・YouTube開設で見い出された才能

★2nd Chapter　Snow Man
・岩本照が理想とする“リーダー像”
・深澤辰哉が積み上げてきた“夢”
・ラウールが抱えている“ある問題”
・“役者・渡辺翔太”を成長させた貴重な経験
・向井康二が“Snow Manに選ばれた”理由
・阿部亮平が気づいた“滝沢の真意”
・目黒蓮の前向きで貪欲な意気込み
・ホットなコンビ“ダテこじ”
・佐久間大介が目指す“アニメを超えた”高みへ

★3rd Chapter　SixTONES
・髙地優吾の向かうべき目標
・松村北斗が身につけたい“武器”
・田中樹がストイックなまでに追い求める“華麗なパフォーマンス”
・京本大我が見つめる“未来”
・“デビュー”に対するジェシーの本音
・ムードメーカー森本慎太郎が断言する“SixTONESのリーダー”

◆既刊紹介◆

NEXTブレイク前夜！
Snow Man × SixTONES × なにわ男子

あぶみ瞬［著］ ¥1,300円+税

次世代を担う超人気ユニット——
滝沢秀明プロデューサー率いる3組の知られざる素顔が満載！
超人気グループの情報解禁!!
初公開★エピソード満載!!

【主な収録エピソード】

＜Snow Man＞
★滝沢がSnow Manに与えた“試練”
★新メンバーに対する旧Snow Manメンバーの“本音”
★新メンバーが“お披露目公演”で感じた想い
★Snow Manの“秘密兵器”ラウールが秘めた可能性

＜SixTONES＞
★滝沢秀明がSixTONESに託した“想い”
★SixTONESに灯った“希望の炎”
★“バカレア組”時代の6人
★“空白の2年間”から“輝ける未来”へ

＜なにわ男子＞
★なにわ男子が結成された“特別な理由”
★西畑大吾、大西流星に起きた“意識の変化”
★なにわ男子が叩きつける“挑戦状”
★なにわ男子に求められる“魅力”とは？

太陽出版
〒113-0033
東京都文京区本郷4-1-14
TEL 03-3814-0471
FAX 03-3814-2366
http://www.taiyoshuppan.net/

◎お申し込みは……
お近くの書店にお申し込み下さい。
直送をご希望の場合は、直接小社宛にお申し込み下さい。
ＦＡＸまたはホームページでもお受けします。